La Pedrera

Gaudí y su obra

La Pedrera

Gaudí y su obra

FUNDACIÓ CAIXA CATALUNYA

Edición y producción
© Fundació Caixa Catalunya
Provença 261 - 265, entresuelo
08008 - Barcelona

Coordinación de la edición
© José Corredor-Matheos

© Textos
Francisco Javier Asarta
José Corredor-Matheos
Daniel Giralt-Miracle
Josep Maria Montaner
Lluís Permanyer

© Traducciones
Joaquima Ballarín (D. Giralt-Miracle)
Carme Gala (J. M. Montaner)

© Ilustraciones
Arxiu Càtedra Gaudí 32, 46 (foto Medrano), 52, 55 (foto Pau Giralt-Miracle), 65, 88 (foto Pau Giralt-Miracle), 94; Arxiu Closa 116 (2), 117 (2), 120; Arxiu Espai Gaudí. Centre Cultural Caixa Catalunya 21, 22, 25, 50 (foto Juan Puig y Font), 51, 53, 56, 68, 78; Brangulí. Arxiu Nacional de Catalunya 20, 24, 48, 49 (2); Pau Giralt-Miracle 44-45, 80, 81, 86, 87 (2), 92, 123, 124, 126, 129 (2), 133 (2); Joaquim Gomis 30 (2); Institut Amatller d'Art Hispànic. Arxiu fotogràfic 23, 31, 38, 90, 109; Ramon Manent 27 (2), 28, 35, 36 (2), 37, 39 (2), 41 (2), 43 (3), 54, 57, 58 (2), 59 (2), 61, 63 (4), 64, 67, 69, 70-71, 73 (2), 74-75, 76 (2), 79 (2), 82, 83 (2), 84 (2), 85, 89 (2), 91, 93 (2), 95 izq., 96, 97 (2), 98 (2), 99, 100-101, 102 dcha., 103, 105 (2), 106 izq., 107 (2), 108, 113 (4); Museu Comarcal Salvador Vilaseca. Reus 18, 19; Humberto Rivas 95 dcha., 102 izq., 106 dcha.; Jordi Todó. Tavisa 33, 47, 137.

© Foto de la cubierta
Pau Giralt-Miracle

Diseño gráfico
Saura - Torrente

Realización de la edición
Edicions de l'Eixample S.L.

Fotomecánica
Diacrom S.A.L.

Impresión y encuadernación
Gràfiques Ibèria S.A.

ISBN: 84-89860-05-X

Depósito legal: B.-50404-99

Sumario

El edificio civil más emblemático del arquitecto Antoni Gaudí, la casa Milà, popularmente conocida como «La Pedrera», ha sido de difícil acceso para los visitantes hasta fecha reciente. Este acceso es ahora posible para todos, tras la adquisición del edificio a fines de 1986, por Caixa Catalunya, que inició al año siguiente las obras de restauración, concluidas en 1996. Estas obras permitieron además adecuar diversos espacios para sala de exposiciones, sala polivalente y auditorio, y devolver a su estado originario el desván –donde se ha instalado una exposición permanente sobre Gaudí y el conjunto de su obra– y la azotea, con las chimeneas y otros elementos que rematan el edificio.

La Pedrera es actualmente sede del Centre Cultural Caixa Catalunya y de su Fundación. Este edificio, que levantara Gaudí en el punto donde confluían hasta 1897 la ciudad de Barcelona y la villa de Gràcia, se ha convertido en los últimos años en referencia barcelonesa clave y de visita obligada, por sus valores arquitectónicos y artísticos, y por las significativas actuaciones culturales que en él se generan.

Faltaba, sin embargo, complementar estas actuaciones y servicios con la publicación de un libro que constituyera una fuente útil de información y consulta sobre el edificio y su historia, en el marco del conjunto de la obra gaudiniana. Así pues, la Fundació Caixa Catalunya encargó al crítico de arte J. Corredor-Matheos la coordinación de la presente edición, que brindamos ahora a los lectores y a los visitantes de este singular edificio, declarado Bien Cultural del Patrimonio Mundial por la UNESCO en 1984.

Antoni Serra i Ramoneda
Presidente de la FUNDACIÓ CAIXA CATALUNYA

Introducción

El gran reconocimiento alcanzado por la obra de Antoni Gaudí puede hacer olvidar la escasa atención prestada por los estudiosos y el rechazo que sufrió durante largo tiempo. Si esto es aplicable al conjunto de su producción, lo es más aún, acaso, al edificio de la Pedrera, lo que explica la escasa bibliografía publicada hasta fecha reciente. Sobre la Pedrera, no obstante, han aparecido algunas monografías que proponen visiones interesantes, desde puntos de vista concretos, que han contribuido sin duda a su conocimiento e interpretación. Era preciso, sin embargo, seguir ahondando en este tema, y con mayor motivo después de la restauración llevada a cabo en este edificio y cuando se ha convertido en imagen altamente representativa de la ciudad de Barcelona.

Fundació Caixa Catalunya se ha propuesto facilitar a los visitantes de la Pedrera, y a los lectores en general, una monografía sobre la casa Milá, la Pedrera, que confiamos en que resulte de la máxima utilidad. Los distintos capítulos de la presente edición son tratados, por tanto, por especialistas reconocidos, que cumplen la nada fácil tarea de resumir los contenidos de sus áreas, tanto para el lector que desea adentrarse en la Pedrera y en Gaudí como para quien desea una información de urgencia, que podrá inducirle a una reposada lectura posterior.

Los autores, por el orden lógico de inclusión de sus trabajos, son: Lluís Permanyer, periodista y escritor, que ha trazado la trayectoria de Gaudí; Josep Maria Montaner, arquitecto, profesor de la Escuela de Arquitectura de Barcelona, historiador y escritor, encargado de darnos una visión global de la obra gaudiniana; Daniel Giralt-Miracle, historiador y crítico de arte, director asimismo del Espai Gaudí del Centro Cultural de la Pedrera, que lleva a cabo un análisis a fondo del edificio, y Francisco Javier Asarta, arquitecto, que ha dirigido la reciente restauración. Con sus trabajos se ha cumplido la voluntad de Caixa Catalunya de cubrir una necesidad urgente que se venía percibiendo por parte del público en general.

$$* \quad * \quad *$$

El extraordinario interés suscitado por la Pedrera viene dado por su insólita belleza, que destaca aun dentro de la extraordinaria obra del genial arquitecto. Este interés se ha incrementado en años recientes, con el aumento progresivo de visitantes, nacionales y extranjeros, y por el registrado entre los arquitectos e historiadores de la arquitectura, patente en los más recientes congresos gaudinianos celebrados en la ciudad de Barcelona.

Antoni Gaudí aparece como un creador solitario. Su figura y su obra encarnan, sin embargo, la comunidad de la que surgieron. De manera simplificadora se ha entendido a menudo que la arquitectura de Gaudí debía ser encajada con simples matices en el *Modernisme,* versión catalana con valores propios del movimiento arquitectónico surgido en Europa al final del siglo XIX. Cada una de las versiones de este movimiento –*Art Nouveau, Jugendstil, Liberty,* etc.– ofrece particularidades distintas, por sus diferentes tradiciones y los estadios, diferentes también, de sus arquitecturas en el desarrollo histórico.

La Cataluña que alumbró el *Modernisme* se hallaba recuperando su conciencia nacional, potenciada por la industrialización y el florecimiento de las artes visuales, en cuyo seno surgiría, entre otras figuras relevantes, la de Pablo Picasso. Si a ello sumamos la pujante expansión de la ciudad de Barcelona, liberada de la presión de las murallas y que acaba de celebrar, precisamente como signo de expansión, la Exposición Universal de 1888, entenderemos mejor el fenómeno del *Modernisme* y el que, en aquellos momentos, fuese posible la gestación de la obra gaudiniana.

Ésta puede ser explicada, en sus niveles externos, por dicho contexto, pero los más profundos revelan una personalidad esencialmente independiente y sin parangón. Esta cierta rareza provocó reacciones contrarias en la burguesía de la época y el pueblo en general. Afortunadamente, para él y para la posteridad, Gaudí pudo contar con el apoyo de algunas personas que supieron ver su gran creatividad y que propugnaron y aceptaron proyectos suyos. De ellos destacan Eusebi Güell i Bacigalupi, que dio nombre al parque, la colonia y al palacio, también famosos, y Pere Milà i Camps, quien, juntamente con su esposa, Roser Segimon i Artells, encargaron a Gaudí el edificio de la Pedrera.

La memoria del esplendor de Cataluña en los siglos XIII y XIV, que coincide con una profunda transformación social y cultural, potenció el interés por las formas medievales, desveladas por el Romanticismo en toda Europa. En cierto modo, Gaudí concibe su templo de la Sagrada Familia como una catedral gótica e infunde al conjunto de su producción el espíritu de la tradición. No ha de importar demasiado llegar a la conclusión de considerar a Gaudí vanguardista –un vanguardista, en todo caso, *avant la lettre*– o no, que insistamos en su carácter tradicional o que le adscribamos, en sentido muy amplio, al movimiento racionalista, por algunos de sus métodos, o al organicismo, por sus aspectos formales. Todo ello es, de un modo u otro, cierto, aunque ninguna de estas filiaciones o circunstancias nos lo explican cumplidamente.

Antoni Gaudí lleva a cabo, sin proponérselo consciente o deliberadamente, una síntesis entre la tradición más ortodoxa y el experimentalismo más radical, nacido de la independencia creativa y de una visión que surgía al margen de las convenciones contemporáneas. El edificio de la Pedrera resume la creatividad más libre, lo que podemos considerar la invención más inesperada.

Difícilmente encontraremos una obra arquitectónica que ofrezca una imagen y unos espacios que proyecten, junto al cumplimiento de las necesidades funcionales inherentes a este arte, una visión que trascienda, como ésta, lo arquitectónico.

Para Gaudí, el ser humano es inseparable de la naturaleza y ha de vivir armoniosamente con ella. Las fachadas de la Pedrera, de piedra, con elementos de hierro forjado, con sus ondulaciones y las variaciones introducidas por la luz, nos remiten a la montaña y al mar, si no es a algo que funde ambas cosas. Como él mismo confesó, la naturaleza era su gran maestra. La sensación de extrañeza o el contraste con la derivación goticista de otras obras no debe distraernos del hecho de que su inspiración era, ante todo, como también manifestó, mediterraneísta. Lejos, como es obvio, de la visión neoclasicista del *Noucentisme,* con un entendimiento del mundo y del ser humano, así como de sus necesidades materiales y espirituales, que hemos de valorar como total.

La tensión entre el arrebato y el equilibrio (la *rauxa* y el *seny*) que se atribuye al talante bifronte catalán se hallan en él fundidos. Las chimeneas y otros elementos de la azotea de la Pedrera, que parecen fruto del delirio, pero que se corresponden con estudios conscientes y minuciosos, quedarán entre las formas que podemos considerar escultóricas más creativas del siglo que ahora acaba. Que ello congenie sorprendente y coherentemente con el goticismo de los desvanes, reconvertidos ahora en *Espai Gaudí* –que ofrece una visión global de toda la obra– es resultado de una acción que, como en el conjunto del edificio, no queda delimitada a un tiempo determinado, sino que es capaz de satisfacer también necesidades más hondas que lo trasciendan.

J. Corredor-Matheos
Coordinador de la edición

Antoni Gaudí, el hombre

Lluís Permanyer

Antoni Gaudí i Cornet vino al mundo el 25 de junio de 1852. Si bien conocemos la fecha de su nacimiento, seguimos, en cambio, sin saber a ciencia cierta si vio la luz en Reus o en el vecino pueblín de Riudoms (a sólo cuatro kilómetros de distancia). Y es que hay documentos y testimonios que abonan casi por un igual ambas posibilidades; lo curioso del caso es que él mismo no contribuyó a aclararlo, sino todo lo contrario. Orillaré entrar en el detalle de la polémica, puesto que es irrelevante a la hora de trazar su perfil humano, pero quiero hacer hincapié en un aspecto inquietante, cual es el enigma que aún envuelve innúmeras circunstancias no ya de su intimidad, sino incluso de su vida. Además, no escribió casi nada, excepto algún texto técnico, no dio conferencias ni tuvo en aquel entonces un biógrafo en el sentido estricto: a lo sumo, se entregó a ciertos monólogos a pie de obra con sus colaboradores.

Si creemos que los acontecimientos de la infancia marcan de forma indeleble un carácter, tres fueron los sucedidos que sin duda moldearon sus primeros años.

El primero se refiere a su hogar, el de una familia de caldereros. En efecto, era nieto de calderero (Francesc Gaudí, 1778-1828), hijo de calderero (Fran-

Gaudí a los veintiséis años, tras acabar sus estudios de arquitectura.
(MUSEU COMARCAL SALVADOR VILASECA. REUS)

cesc Gaudí i Serra, 1813-1906) y nieto de calderero por línea materna (Antoni Cornet). Las formas alabeadas, los enormes huecos receptivos y la presencia rotunda de los calderos y los serpentines le concedieron un sentido intuitivo y natural de lo que es la esencia de la arquitectura: formas que se imponen en el espacio y que al propio tiempo crean vacíos en el interior. A diferencia del común de los arquitectos, él tuvo desde un buen principio una capacidad inusual para imaginar con el lápiz la tercera dimensión (al contrario de quienes levantan fachadas más bien planas y propias de... ebanistas) y para proyectar en color (la inmensa mayoría lo hacen en blanco y negro).

El segundo se refiere a un talante muy peculiar moldeado por una comarca que imprime carácter. El dicho afirma que *gent del Camp, gent de llamp* (gente del Camp, gente del rayo, en alusión a estallidos súbitos de ira). Y también aseguran que produce temperamentos muy fuertes bajo el signo de la *rauxa* (temible impulso pasional irreflexivo). El general Prim es uno de sus hijos típicos, como también monseñor Domènec Veciana, el único que en el Concilio Vaticano I y en su calidad de obispo de Pittsburgh votó en contra de la infalibilidad del Papa, lo que le valió de Pío IX el siguiente comentario, lapidario y comprensivo, propio de quien conoce el paño: «Claro, es de Reus»[1]. Así pues, sus enfados espectaculares, sus réplicas airadas, su extravagancia, deben ser interpretados dentro de ese particular contexto psicogeográfico.

El tercero se refiere a una enfermedad penosa que le aquejó cuando contaba muy pocos años de edad. Unas fiebres reumáticas le postraron y le impidieron participar en los juegos de infancia. A buen seguro que semejante condena a una larga inmovilidad en Riudoms le abocó de forma irremediable a un contacto estrecho con la naturaleza y a su contemplación, lo que explica su afinada capacidad de observador. Aquel espectáculo fastuoso que con ojos asombrados descubría en su entorno le forjó una sensibilidad que influyó en el futuro arquitecto, quien pasó así a disponer de la principal fuente de inspiración. Y fue él mismo quien hizo confesiones como las siguientes a sus colaboradores íntimos. Por ejemplo: «Este árbol próximo a mi taller: ¡éste es mi maestro!». «Cuando fui a tomar las medidas del solar (casa Vicens), estaba totalmente cubierto de unas florecillas amarillas, que son las que adopté como tema ornamental, en la cerámica; también encontré un exuberante palmito, las hojas del cual, fundidas en hierro, llenan la cuadrícula de la verja y de la puerta de entrada en la casa.» «El gran libro, siempre abierto y que es necesario esforzarse en leer, es el de la Naturaleza.» «Todo surge del gran libro de la Naturaleza.». «Todos los estilos son organismos emparentados con la Naturaleza.» Y de esta aplicada contemplación del espectáculo de la naturaleza se derivó su sentido del color, porque el Mediterráneo es esencialmente luz y color. Vale la pena dejar que sea él mismo quien lo formule, con su estilo inimitable: «En nuestro país las flores son variadísimas de color y todas son perfumadas;

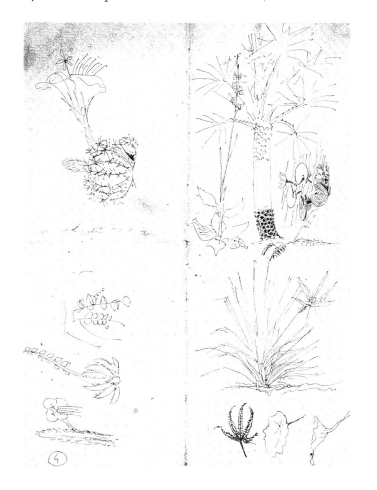

Dibujos de temas vegetales realizados por Gaudí, estudiante.
(MUSEU COMARCAL SALVADOR VILASECA. REUS)

en el norte son escasas y sin olor, sufren la monotonía del verde». «La belleza se encuentra en el Mediterráneo.» «Toda la arquitectura procede de la luz. La arquitectura es la ordenación de la luz; la escultura es el juego de la luz; la pintura, la reproducción de la luz mediante el color, que es la descomposición de la luz.» Así las cosas, se explica que poseyera un sentido natural del espacio y también de la naturaleza, no en su vertiente hedonista, sino como fuente de inspiración, que le indujo a emplear algunas de sus estructuras en tres dimensiones; de ahí también que utilizara tanto la curva, pues sentenciaba que la línea recta no existe en la naturaleza.

Como estudiante no se distinguió ni por su aplicación ni por su brillantez; la ortografía no era su fuerte y pronto se evidenció que no estaba dotado para el dibujo. Su condición de genio, acentuada por un carácter difícil, explica su capacidad para tender siempre unas relaciones de lo más estrechas y creativas con sus colaboradores, en quienes supo siempre delegar y a quienes otorgaba incluso generosos márgenes de confianza, como fue el caso ejemplar del arquitecto Josep Maria Jujol; y lo que es más, animarles con elogios generosos. Se ha insinuado que en su juventud cultivó el anticlericalismo y hay quien incluso cuenta que increpaba a los fieles que salían de la iglesia con el epíteto de *¡llanuts!,* (borregos); no hay constancia fehaciente de tal comportamiento, pero en cualquier caso lo cierto es que pronto se reveló como un creyente apasionado y hasta obsesivo. Su fe y su piedad marcaron no sólo su vida privada, sino que llegaron al extremo de marcar su obra de forma indeleble, y en ocasiones exagerada. No tendría mayor originalidad advertirlo en sus proyectos de la cripta de la colonia Güell, la reforma de la catedral de Palma de Mallorca o la Sagrada Familia, pero lo sorprendente es dar con las trazas que

Gaudí participando en la procesión de Corpus como miembro del Cercle Artístic de Sant Lluc. Catedral de Barcelona. 1924.
(FOTO BRANGULÍ. ARXIU NACIONAL DE CATALUNYA)

aparecen por doquier, ya sean iniciales alusivas a Jesucristo (casa Batlló), cruces tridimensionales o no en innúmeras fachadas; pero el caso más espectacular es el de la Pedrera, concebida como una gigantesca peana para alzar la imagen de la Virgen con el Niño.

Un temperamento arisco y un talante esquinado, además de no saber –ni querer– morderse la lengua, le abocaron a situaciones tirantes e incluso a enfrentamientos con sus clientes; el hecho de que fueran clérigos o incluso obispos no era óbice para que se reprimiera. Así pues, cuando el padre Osó, que le encargó el colegio de las Teresianas, trató no de inmiscuirse pero sí de opinar, Gaudí lo mandó a... ¡decir misa! Los canónigos de León, tan pronto como murió su amigo el prelado reusense, lo despidieron. Su trabajo en la seo mallorquina concitó tal desesperación, que los canónigos imploraron al arquitecto Rubió que se llevara de allí a Gaudí y a Jujol. La madre superiora de las teresas lo echó a cajas destempladas. La disputa con el matrimonio Milà, propietario de la Pedrera, adquirió tales visos, que no sólo no pudo terminar la fachada (no les gustó que pretendiera rematarla con la escultura gigantesca que Mani había modelado, pues la juzgaron horrible, y con toda la razón del mundo), sino que les llevó a los tribunales por una desavenencia en los honorarios; la cantidad que recibió al ganar el pleito la entregó a los pobres, ya que había pleiteado por principio, que no por el dinero, que consideraba de lo más vil.

Aquel mismo temperamento, potenciado por su condición de genio, le llevó a plantear también enfrentamientos con los funcionarios. Se comprende, pues no cuesta imaginarle enfrascado en el acto de proyectar sin parar mientes en las limitaciones de las ordenanzas. De ahí que, una vez terminadas las obras de la Pedrera, le advirtieran que había sobrepasado con creces la volumetría y que tampoco había respetado la alineación del paseo de Gràcia. Reaccionó de la forma típica que implicaba su estilo inimitable: no se amilanó, y contraatacó con la advertencia de que pondría en un lugar bien visible de la fachada los nombres de los funcionarios culpables del derribo parcial. La solución hallada fue ejemplar: puesto que aquel edificio era excepcional, merecía hacerse una excepción en lo que a ordenanzas se refiere. Al levantar la casa de los Botines, comenzó a correr la voz de que unos ingenieros locales sostenían que se vendría abajo; al enterarse, Gaudí desafió a que le mandaran un informe técnico, pues, en cuanto estuviera terminado el edificio, se proponía enmarcarlo y exhibirlo en el vestíbulo para así ponerlos en ridículo público.

Sólo Güell, su mecenas, le comprendió; jamás tuvo con él el menor contratiempo, y nació tan estrecha e íntima relación que, al morir el aristócrata, lamentó la soledad de quien se queda sin

Antoni Gaudí visto por Quelus (Miquel Cardona). La Publicitat, *13 de junio de 1926.*

Dibujo pintado por el propio Antoni Gaudí sobre la fotografía de la maqueta polifunicular de la cripta de la colonia Güell.

un amigo de verdad, quizá el único que tuvo, pues no creo que la relación amigable que mantuvo con el obispo Torras i Bages pudiera ser equivalente a unos lazos de aquel mismo signo. Y es que Güell representaba la esencia misma de su creatividad, pues gracias a él podía realizarse como artista, mientras que la relación con el prelado debió de ser tan sólo de signo espiritual, conocida su obsesiva entrega a la piedad. Pero he aquí cómo reaccionó: «Mis grandes amigos han muerto; no tengo familia, ni clientes, ni fortuna, ni nada. Ahora puedo entregarme por entero al Templo».

Y así fue. Vivió primero con su familia; luego de la muerte de su padre y de su sobrina siguió en la torre del Parc Güell, cuidado por unas monjas, hasta que decidió enclaustrarse en el taller que tenía a pie de obra de la Sagrada Familia, de donde no se movió hasta su muerte accidental.

«He dominado todos mis vicios, excepto el mal genio», sentenció de forma reveladora y significativa. No sabemos a ciencia cierta si tuvo vicios, lo que sí nos consta es que a partir de una cierta edad vivió casi como un asceta. Era casto, cierto, pero no es menos cierto que también era misógino y no se tiene noticia comprobada de que hubiera tenido amores. El especialista Joan Bassegoda Nonell cuenta la anécdota que le sucedió al dibujante Opisso cuando era un jovencísimo colaborador en la Sagrada Familia. Gaudí se enteró de que justo la noche anterior había frecuentado un café concierto de mala fama; y en cuanto llegó, en tono enérgico y airado, le ordenó que se arrodillara y, mientras le miraba con la fijeza de su limpia y profunda mirada azul, le dijo casi a voz en grito: «¡Castifíquese!». No había hecho, por supuesto, voto de pobreza, pero vivía y vestía como un indigente. Su ascesis monacal la argumentaba así: «No hay que confundir la pobreza con la miseria.

La pobreza lleva a la elegancia y a la belleza; la riqueza lleva a la opulencia y a la complicación, que no pueden ser bellas». «A fin de que el artista no se desequilibre con la elevación del arte, debe pasar dolor o miseria.» «Conviene tanto al cuerpo como al alma pasar calor en verano y frío en invierno. Hay que comer sólo para no morir.»

Su pasión por la naturaleza, enriquecida por su curiosidad y sus dotes de observación, le habían llevado de joven a practicar el excursionismo; si bien es cierto que era el tipo de ejercicio que el médico le había recomendado para combatir el reumatismo infantil que para su desgracia no le abandonó de por vida, no es menos cierto que practicó el excursionismo, tan en boga en aquel entonces, para así descubrir y conocer las bellezas paisajísticas de su país. Su inclinación a caminar viene a cuento para explicar un interesante sucedido en relación con la obra. En 1885 se declaró en Barcelona una epidemia de cólera morbo, lo que le indujo a abandonar por razones de prudencia la ciudad y refugiarse en un pueblo del Vallès, Sant Feliu de Codines, en donde residió varios meses. Tengo la certeza absoluta de que realizó desde allí una atractiva caminata de sólo siete kilómetros hasta la vecina Gallifa, encima de la cual se levanta el macizo impresionante de Sant Sadurní, en cuya cúspide hay una ermita. Pues bien, yo tengo para mí que aquella visión subyugante, a causa de una gigantesca corona de piedra que circunda la mole, le inspiró las formas de la Pedrera, que no, como sostienen ciertos estudiosos, otros lugares de Cataluña o de Menorca, que nunca visitó; y no digamos la Capadocia, como pretende Goytisolo, en tal caso con tesis propia de un novelista consumado.

El taller de Gaudí en el Templo Expiatorio de la Sagrada Familia, 1904.
(FOTO PELAI MAS. INSTITUT AMATLLER D'ART HISPÀNIC)

Gaudí, 1924.

En 1911, y por motivos de trabajo, sufrió un estrés que lo dejó sin defensas y a merced de unas fiebres de Malta que lo abocaron al umbral de la muerte; tan consciente fue de la gravedad que le aquejaba, que incluso dictó testamento. No le resultó fácil rehacer su maltrecha salud, pero en cuanto lo consiguió dio por aprendida la lección y resolvió no aceptar más encargos y dedicarse por entero a la obra de su vida: la Sagrada Familia, en la que podía plasmar todas sus inspiraciones plásticas y constructivas, pero cuya significación llenaba de contenido su extremada religiosidad.

Gaudí sufrió la incomprensión propia no tanto del genio cuanto del vanguardista. Son innúmeros los genios que triunfaron jóvenes, al tiempo que también lo son los vanguardistas que padecieron la soledad del que se avanza a su tiempo. Gaudí pudo soportar todo lo que semejante soledad creativa significa, primero gracias a la ayuda moral y económica de Güell; finalmente, merced a vivir sólo para Dios y la Sagrada Familia. Así las cosas, se comprende tal como prefería vivir en los últimos años. Su única distracción consistía en un paseo que daba a diario para intentar mitigar sus dolencias físicas y espirituales. En efecto, calzado con unas simples alpargatas de esparto, el único calzado que resistían sus doloridos y deformados pies, salía a segunda hora de la tarde de la Sagrada Familia y se encaminaba hacia la plaza de Sant Felip Neri, al encuentro de su director espiritual. Aquel 7 de junio, al atardecer, se dispuso como un monótono día cualquiera a cumplir con el ritual. Cuando se acercó al cruce de Bruc con la Gran Via, todo parece indicar que no advirtió un tranvía que se le venía encima, y fue arrollado. Ningún taxista se avino a conducirle al puesto de socorro, no fuera caso que la sangre de aquel indigente le echara a perder la tapicería. Al fin pudieron ingresarle en el Hospital de la Santa Creu, en donde, también a causa de su aspecto, nadie le reconoció, y tardó bastante en ser atendido. En cualquier caso, bien es cierto que la gravedad extremada de sus heridas no permite especular de forma razonable acerca de una eventual recuperación. El 10 expiró.

Sólo una minoría le admiraba. Los seguidores del estilo *noucentista* que surgió a renglón seguido abominaban del modernismo y propugnaban la demolición pura y simple de una arquitectura que consideraban horrible, inaceptable en una ciudad mediterránea como la nuestra, y causante de afear la ciudad de forma tan grave como irremediable. Gaudí padeció, pues, por partida doble: las consecuencias de su vanguardismo y también las de ser tenido por un modernista, y encima, extravagante. La primera defensa, teórica aunque nada práctica, vino de la mano de Dalí y de los surrealistas; la segunda, de una eficacia inmediata e inapelable, vino a raíz de la gran exposición que el especialista norteamericano Collins presentó en 1952 en Nueva York; la tercera, de la admiración confesa de los visitantes extranjeros, encabezados por los japoneses.

Caricatura de Antoni Gaudí realizada por Apa (Feliu Elias).

1. J.Bassegoda Nonell: «Una biografía mágica de Gaudí», en *La Vanguardia*, 8.7.1982, pág. 39.

La obra de Gaudí

Josep Maria Montaner

Las primeras obras

Sin duda, la obra arquitectónica de Antoni Gaudí Cornet (1852-1926) constituye el máximo exponente del Modernismo catalán, y Antoni Gaudí puede considerarse como la figura más internacional y sobresaliente de la arquitectura del siglo XX en Cataluña. Su obra, tan subjetiva y original, siempre de síntesis y siempre experimental, ha sido motivo de controversias desde un principio hasta el día de hoy. El personaje de Gaudí y su obra contienen intrínsecamente la semilla de la polémica y la provocación, el impacto y la mitificación.

El joven Gaudí estudió en la Escuela Provincial de Arquitectura de Barcelona desde 1873 hasta 1878, sin destacar ni en las notas ni en su interés por los estudios académicos, y se inició en la práctica arquitectónica colaborando tanto con los arquitectos Joan Martorell y Francesc de Paula del Villar, como con el maestro de obras Josep Fontserè, con quien trabajó entre 1877 y 1882 en el proyecto y las obras del parque de la Ciutadella.

Sus primeros trabajos como arquitecto fueron las farolas de la plaza Reial (1878), el proyecto no realizado de iluminación de la Muralla de Mar (1881), ambos en Barcelona, y el proyecto de viviendas, nave industrial y edificios sociales para la Cooperativa Obrera Mataronense (1878).

Su primera obra importante realizada fue la casa Vicens (1883-1888), en la calle de las Carolines, en el barrio barcelonés de Gràcia. Era una villa suburbana recubierta de ladrillo y cerámica vidriada, en la que aparecen influencias medievales y árabes, hecha para un cliente singular, el fabricante de baldosas Manuel Vicens i Montaner. En los espacios interiores, como la sala de fumadores, el lujo de detalles le da un aire fantástico e irreal. Luego construyó el convento Teresiano (1880-1890), los pabellones de la finca Güell (1884-1887), la casa Calvet en la calle de Casp (1898-1904), de inspiración barroca, y el palacio Güell en la calle Nou de la Rambla (1886-1888), con unos interiores suntuosos y exquisitos, con reminiscencias góticas y musulmanas, de estructura y decoración medievalizantes. El palacio Güell se organiza en torno a un patio interior; cada espacio está conformado de modo que los rayos solares puedan

Detalle de la fachada de la casa Vicens.

Interior de la tribuna del palacio Güell.

llegar a todos los rincones, y los muros y techos de las salas están policromados. La luz natural, las estructuras interiores y la profusión de decoración epidérmica crean el efecto de un frondoso bosque lleno de color, un todo inmenso constituido por la exuberancia de las partes. Una especie de bosque que continúa en la cubierta plana, habitada por las chimeneas y torres que serán características de la obra gaudiniana. En el palacio Güell, Gaudí consolida su lenguaje experimental y personal, superando todo historicismo literal y manifestando el gusto y la voluntad de enfatizar la estructura de carga de cada espacio.

Mal integrado en la disciplina y el orden escolar de la Escuela de Arquitectura, Gaudí no tardó en manifestar su ambición innovadora al titularse como arquitecto. El primer libro que recopila la arquitectura barcelonesa de la época, al tiempo que levanta acta del eclecticismo predominante a lo largo de la segunda mitad del siglo XIX, fue *La arquitectura moderna de Barcelona* (1897), de Francesc Rogent, hijo del también arquitecto Elies Rogent. Dicho compendio incluye desde la Universitat de Barcelona –obra de Elies Rogent, muy influida por el *Rundbogenstil* de Múnich– hasta las primeras obras de un joven inclasificable, llamado Antoni Gaudí, de quien Francesc Rogent escribe: «En él todo ha de ser maravilloso e inesperado (...), es puramente individual». Repasando los diversos eclecticismos, el libro de Rogent presenta obras de Joan Martorell, Enric Sagnier, Rafael Guastavino o Lluís Domènech i Montaner, y establece tres estilos dominantes en la época: el neogriego para los edificios públicos, el neogótico catalán, apropiado para los edificios particulares, y el neorrománico para las iglesias.

Hacia 1900 puede decirse que el Modernismo ya se ha implantado ampliamente en Barcelona y empieza a extenderse por Cataluña. De todos

Banco de madera diseñado por Antoni Gaudí para la casa Calvet.

modos no puede considerarse un movimiento puro y unitario porque, a pesar de poseer rasgos comunes acentuados por la contemporaneidad, resultó de la mezcla y evolución de muy diversas influencias y tendencias y de muy distintas aportaciones individuales.

El Modernismo catalán mira esencialmente hacia París, punto de referencia de artistas plásticos como Santiago Rusiñol y Ramon Casas, y hacia los teóricos ingleses John Ruskin y William Morris, que a partir de 1901 empezaron a ser traducidos al catalán por el urbanista Cebrià de Montoliu. El Modernismo como proyecto global y social pudo construirse gracias a la reducida escala del país, y a las relaciones orgánicas y los estrechos vínculos existentes entre la burguesía local. Un tipo de voluntad de ser y sentimiento común, patriótico, religioso y económico potenció la gran permeabilidad de ideas y propuestas entre políticos, industriales, intelectuales y artistas.

Sin embargo, la arquitectura modernista no se creó de un golpe, sino que fue el resultado de un lento proceso de experimentación y evolución. El caso de Antoni Gaudí es el más magnífico ejemplo de este proceso evolutivo y experimental. Partiendo de referencias heterogéneas –mediterráneas y árabes, goticistas y academicistas, naturalistas y neobarrocas–, el Modernismo de Gaudí se fusionó paso a paso en un lenguaje de síntesis.

Genéricamente, el Modernismo en arquitectura se destaca por una serie de rasgos: edificios inicialmente articulados siguiendo en planta la composición axial y jerárquica Beaux-Arts, pero desarrollando volúmenes que toman referencias historicistas y organicistas, con partes que consiguen su propia autonomía; profusión en la decoración, basada en el detalle menudo de la fábrica de ladrillo y los elementos cerámicos, que potencian los retranqueos, la luz, las sombras, y ponen énfasis en la pequeña escala y la solución de los problemas esenciales de cada detalle. La arquitectura puede alcanzar uno de los máximos objetivos de los inicios del Movimiento Moderno, la prehistoria del nuevo mundo moderno: la integración de las diversas artes aplicadas en una obra global y unitaria.

Templo Expiatorio de la Sagrada Familia: interior de un campanario, y fachada del Nacimiento (años cincuenta) vista por detrás.

La Sagrada Familia

Y si el máximo representante del Modernismo en arquitectura fue Antoni Gaudí, su obra de mayor síntesis y complejidad es el templo expiatorio de la Sagrada Familia ya que, por su desarrollo tan lento, se produce en paralelo a gran parte de su obra y resume la evolución de su época madura. Gaudí trabajó en la Sagrada Familia durante más de cuarenta años, desde 1883 hasta 1926, cuando lo atropelló un tranvía al salir de las obras. Este largo periodo de construcción sólo se interrumpió durante la primera guerra mundial. Cuando Gaudí murió, en 1926, tan sólo había podido culminar una de las torres de la Sagrada Familia. Inmediatamente después, su colaborador Domingo Sugrañes acabó las otras tres torres y hacia 1933 se dio por finalizada la fachada del Nacimiento.

La parte más sorprendente, las torres, de morfología arcillosa, no guardan ninguna relación con la imaginería del Art Nouveau, sino que proceden de analogías naturalistas y construcciones originarias del norte de África. Toda la obra de la Sagrada Familia concentra los mejores aciertos, experimentos estructurales e imaginación delirante de Gaudí, pero también sus peores inercias académicas, retóricas neogóticas y gusto recargado. En esta creación monumental, Gaudí supo sintetizar la imaginación intuitiva y creativa del llamado organicismo con la imaginación constructiva y analítica del racionalismo francés. Como en otros proyectos, Gaudí era capaz de concebir formas atrevidas y orgánicas y, al mismo tiempo, estructuras internas racionalistas que las sustentaran y le proporcionaran la misma forma. Aunque la Sagrada Familia se eleva orgánicamente hacia el cielo, fuera de toda lógica, en planta es rigurosamente simétrica, algo que Gaudí no hacía nunca. Es una obra que parte del neogoticismo más riguroso, mientras que en algunos detalles se aproxima al cubismo y en algunas estructuras anuncia los experimentos tecnológicos de arquitectos contemporáneos como Félix Candela o Norman Foster. Gaudí fue avanzando siempre en su concepción de un espacio orgánico totalmente nuevo, mediante la precisión en el estudio de las cargas y el recurso de la abstracción formal.

Al pie de la Sagrada Familia hay una pequeña obra, la escuela con cubiertas ondulantes, construida toda ella de bóveda tabicada (1909-1910), siguiendo la lógica geométrica y estructural de las superficies regladas, que despertó la admiración de Le Corbusier cuando visitó Barcelona invitado por Francesc Macià y acompañado por los arquitectos del GATCPAC, y que después de la guerra civil fue totalmente reconstruida.

Escuelas provisionales de la Sagrada Familia antes de la guerra civil.
(FOTO PELAI MAS. INSTITUT AMATLLER D'ART HISPÀNIC)

La síntesis modernista en las obras clave de Antoni Gaudí

La etapa madura de la obra de Gaudí está motivada por la búsqueda de nuevas estructuras que permitan configurar grandes espacios, de ahí el interés de Gaudí en estudiar la lógica estructural de la arquitectura gótica, con la que inició la Sagrada Familia. Este deseo de estructuras gigantescas define la pulsión moderna de Gaudí, que en 1908 se expresa en el trazado delirante de un hotel en forma de rascacielos organicista proyectado para la ciudad de Nueva York. El hotel que Gaudí propuso era un enorme edificio de unos trescientos metros de altura, en forma de torre altísima, como las del templo de la Sagrada Familia, con las habitaciones a todas las fachadas y unos inmensos interiores donde se superponían comedores gigantes, representando cada uno de ellos la cultura culinaria de cada continente. Este proyecto demuestra que los delirios y las visiones de Gaudí coincidieron con los delirios y la energía metropolitana de la Nueva York de principios de siglo; la fe religiosa y la fe en el desarrollo se fusionaban para crear una especie de hotel-templo.

La primera repercusión internacional de Gaudí había sido dispar. En 1910 hizo una exposición de su obra en el Palacio de Bellas Artes de París, donde presentó una maqueta de la Sagrada Familia coloreada por Josep Maria Jujol; dicha muestra resultó un fracaso. Dos años antes había terminado el proyecto para el hotel de Nueva York, con una capacidad de anticipación máxima. ¿Qué habría hecho Gaudí y qué trascendencia habría tenido su obra, si aquel hotel hubiese llegado a realizarse y Gaudí hubiese llegado a salir del círculo provincial y artesanal de Barcelona, construyendo en la metrópolis estadounidense más moderna por excelencia?

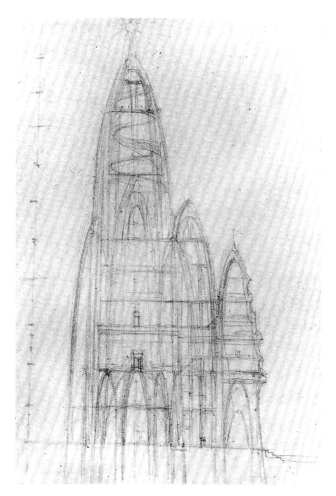

Plasmación de las ideas de Gaudí para el proyecto de un hotel en Nueva York. Dibujo de Joan Matamala.

Para proyectar todas estas obras, Gaudí utilizaba al mismo tiempo la experimentación e invención renacentistas y artesanales más auténticas y la abstracción formal y matemática más rigurosa, tomando siempre como referencia las formas de la naturaleza. El desván y la azotea de la casa Milà, la sala hipóstila del parque Güell con todos sus recorridos, así como el espacio de la cripta de la inacabada iglesia de la colonia Güell, son tres de sus momentos espaciales y organicistas más ricos. Sea hacia el cielo y el exterior, sea en el espacio telúrico de una cripta, siempre aparecen formas fantásticas.

La obra urbana más espectacular de Gaudí es la casa para Roser Segimon de Milà, llamada popularmente «la Pedrera», en el paseo de Gràcia (1906-1910). Se trata de una solución extrema de exuberancia y expresividad dentro de las coordenadas de la arquitectura del Eixample barcelonés. La innovación más importante que presenta con relación a los edificios de alquiler de este barrio, consiste en la supresión de la escalera de vecinos, de modo que sólo se puede acceder a las viviendas mediante la experiencia mecánica del ascensor o bien por las escaleras de servicio. Eso comporta una solución totalmente innovadora de los patios

Vista aérea de la Pedrera: chaflán del paseo de Gràcia/Provença.

33

interiores, al eliminar los tradicionales patios de luces pequeños e insalubres y reagruparlos en dos de grandes dimensiones, de forma espectacularmente orgánica. Las fachadas que dan a estos patios dejan de ser algo residual para convertirse en un auténtico espectáculo de formas, luz y color, unas fachadas interiores que sirven de telón de fondo para una radical experimentación cromática.

Gaudí propuso en la Pedrera una planta libre que le permitió organizar una rica secuencia de espacios domésticos con pasillos perimetrales a los patios, paredes curvas con trazado poligonal y cielos rasos sinuosos; todo contribuía a crear un universo orgánico e ilimitado. En la Pedrera no existe ninguna línea recta: ni en los patios, ni en los interiores, ni en la fachada de piedra con formas ondulantes –completada con las barandas amorfas, hechas de forja, que semejan algas marinas–, rememorando en conjunto las huellas que el tiempo y el mar dejan en las rocas. Gaudí logra algo inédito y premonitoriamente moderno: que una fachada de piedra sugiera la mutación constante y la ligereza de las olas del mar.

El éxtasis de este edificio se alcanza en el desván, y sobre todo en la azotea, toda ella accesible, con mansardas de perfil sinuoso y todos los elementos de ventilación y chimeneas convertidos en formas dinámicas, helicoidales y fantasmagóricas. Si el desván parece una cripta que está tocando el cielo, en el sótano Gaudí dispuso un innovador aparcamiento para carruajes y automóviles, con acceso a través de rampas helicoidales. El desván, comparándolo con la estructura del colegio de las Teresianas, muestra el paso de formas tradicionales de raíz romana al uso de los arcos en catenaria.

Su obra más vinculada al paisaje, hecha por encargo de su principal mecenas, Eusebi Güell, fue el parque Güell (1900-1914), concebido inicialmente como una modélica ciudad-jardín, inspirada en las ideas de Ebenezer Howard. Gaudí proyectó y realizó la parte infraestructural y de servicios de esta zona residencial de lujo, que nunca se culminó, y que tenía sesenta parcelas de forma triangular. Quedan aún los pabellones de acceso, las plazas, los viaductos, los taludes... Este inmenso conjunto es un auténtico universo de formas e iconologías que se refieren al mundo peculiar de Gaudí: la naturaleza,

Sala de las columnas del parque Güell. Detalle del trencadís *del techo.*

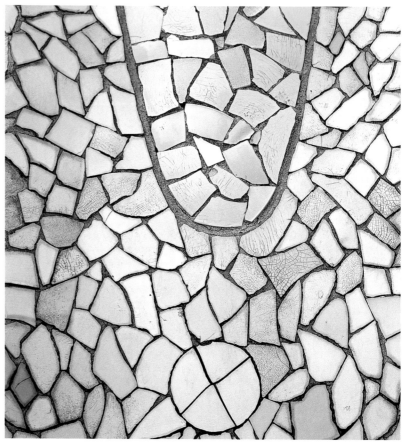

*Detalles del banco del parque
Güell, realizado con
fragmentos de cerámica
recuperada.*

el cristianismo, Cataluña, el Mediterráneo. Se trata de una exuberante obra de síntesis, tras la que aparecen sistemas clásicos reinterpretados –como la columnata dórica de la sala hipóstila destinada a mercado local de los habitantes del parque– y afloran las lógicas de la producción industrial –como en los bancosbarandilla encima de toda la sala hipóstila, con estructura de hormigón prefabricado, que cumplen una ley de repetición en serie, recubiertos de fragmentos de cerámica *(trencadís)*–. En consonancia con la plasticidad biológica de la arquitectura de Victor Horta y Hector Guimard, Gaudí realizó un parque naturalista y neorromántico, cuyos espacios –arquitecturas, viaductos y arbolados– evocan los dramas musicales de Wagner y el universo de las fábulas de Gulliver.

Y la obra que contiene *in nuce* las máximas aportaciones de Antoni Gaudí, donde estalla toda su fantasía estructural, es la cripta de la iglesia inacabada de la colonia Güell en Santa Coloma de Cervelló (1898-1917). Gaudí proyectó para el industrial Güell toda esta nueva colonia fabril que se construyó fuera de Barcelona, haciendo un trazado completo y perfecto. En la entrada está el

*Bóveda central de la cripta de
la iglesia de la colonia Güell.*

Fotografía de la maqueta polifunicular de la cripta de la iglesia de la colonia Güell (4,5 m de altura).

complejo de las fábricas de pisos, movidas por la fuerza del vapor; en el núcleo central, la colonia obrera; en el otro extremo, una imaginativa iglesia, de la que sólo llegó a construirse la cripta. Esta cripta es de planta poligonal y las columnas que rodean el altar –sillares de basalto– siguen la inclinación de las líneas de carga. Gaudí utilizó una gran maqueta que le permitía proyectar la estructura y la forma de la iglesia de la colonia Güell según estudios empíricos y estereofuniculares. Esta maqueta es una pieza clave para entender y visualizar el modo de proyectar de Gaudí, y una imagen emblemática de la historia de la construcción moderna.

Culminando el triángulo formado por las naves fabriles, la colonia obrera y la capilla, estaba, dominándolo todo, la casa del dueño. Gaudí se reservó el proyecto de la iglesia y dejó a cargo de discípulos suyos, como Francesc Berenguer y Joan Rubió i Bellver, las edificaciones que constituyeron la colonia Güell.

En esta etapa de madurez también construyó, en el paseo de Gràcia de Barcelona, la casa Batlló (1904-1907), que en realidad no es una estructura nueva sino la remodelación de una casa de vecinos de maestro de obras, sólo con planta baja y cuatro pisos. En su interior se transforma totalmente la secuencia espacial del vestíbulo, escalera principal y patio central, así como la fluidez de la planta. Y, en el exterior, la articulación ósea de columnas de piedra curvilíneas, las barandas de hierro en forma de antifaz y la azotea de cerámica vidriada que recuerda la cola de un dragón mitológico, potencian la reconversión total de la fachada, con mucha más altura. Al mismo tiempo, su cubierta ondulante e inclinada representa una obra maestra de integración con respecto al entorno, pues enlaza con las casas contiguas, de cubierta plana, y con la casa Amatller de Puig i Cadafalch, de menor altura y cubierta a dos aguas.

Los arquitectos del Modernismo aprovecharon la estructura homogénea del Eixample de Cerdà y la arquitectura unitaria, neutra y eclecticista de los maestros de obras, como base para sus intervenciones singulares. En el fondo demostraban que, totalmente contrarios al trazado isótropo de Ildefons Cerdà, habrían deseado una ciudad de bulevares, diagonales, paseos sinuosos, plazas y todo tipo de irregularidades y elementos puntuales.

Paradójicamente, al mismo tiempo que insistía en su ambición de experimentar formas y estructuras, Gaudí se fue imbuyendo de cierto pesimismo respecto a la condición humana y cada vez fue cargando más las tintas en sus intenciones «redencionistas» desde un catolicismo trascendente, militante y muy crítico respecto a la estética y el productivismo de la cultura industrial. La irrealizada alabanza a la Virgen mediante una escultura gigantesca en lo alto del chaflán de la Pedrera, o toda la operación piadosa del templo expiatorio de la Sagrada Familia, dan muestra de esta voluntad de redimir, a través de la religiosidad y la arquitectura sagrada, todo el pecado y el caos de las metrópolis.

Casa Batlló. A la izquierda, fachada y coronamiento; a la derecha, tribuna.

La herencia de Gaudí

Uno de los puntos más delicados, atractivos y complejos de la obra de Gaudí es el papel que desempeñó la intervención de sus colaboradores, los arquitectos Francesc Berenguer, Joan Rubió i Bellver y Josep Maria Jujol, los escultores Llorenç y Joan Matamala, así como todos los artesanos de diversos oficios, siempre impulsados por la capacidad creativa del maestro. El caso de simbiosis más complicado es el de Gaudí y Jujol.

El tarraconense Josep Maria Jujol (1879-1949) trabajó con Gaudí entre 1904 y 1908, aproximadamente, colaborando en el diseño de objetos, muebles e iconografía. En la medida en que la colaboración de Jujol con Gaudí fue tan estrecha e intensa, produciéndose precisamente en el momento del cambio expresivo más enérgico en la obra de Gaudí, cuando pasó de las masivas formas historicistas a la ligereza de las formas onduladas y dinámicas, críticos como Carlos Flores, George Collins o Dennis Dollens han considerado que el joven Jujol fue el catalizador y estimulador de la gran transformación de Gaudí. Jujol intervino especialmente en el diseño del mobiliario de la casa Batlló, en la dirección de las obras de las chimeneas y ventiladores de la cubierta de la Pedrera en ausencia de Gaudí (que estaba en Palma de Mallorca, reformando la catedral y realizando el precioso baldaquino suspendido sobre el altar mayor) y en la ejecución del banco de forma curva, recubierto con cerámica troceada, del parque Güell.

A Gaudí y Jujol los unían muchos puntos en común: religiosidad devota; fruición en crear formas funcionales reciclando materiales como hierros o cerámicas que ya habían tenido otra vida; creación de las formas partiendo del detalle hasta llegar a la globalidad; anticipación a algunos de los mecanismos creativos del surrealismo. Uno de los misterios insondables es por qué razón no se le encargó a Jujol, a la muerte de Gaudí, la continuación de las obras de la Sagrada Familia. Era el único que podía hacerlo con autenticidad, y Jujol lo estaba esperando. Éste fue el primer gran error que cometieron los responsables de la prosecución de las obras del templo.

Obras de Josep M. Jujol en sant Joan Despí: detalle de la fachada de la torre de la Creu, y techo de la escalera de la casa Negre.

Desde la muerte de Antoni Gaudí, su obra, pese a los altibajos en su valoración, jamás cayó en el olvido. Los propios *noucentistes,* tan opuestos al gusto modernista, trataron de salvar el genio de Gaudí poniendo énfasis en su conocimiento matemático de las estructuras. La sensibilidad surrealista de este siglo –desde los manifiestos de André Breton hasta el libro *Delirious New York* (1978) de Rem Koolhaas– ha encontrado en las recreaciones de Gaudí uno de los referentes más poderosos para legitimar esta corriente y justificar sus ideas estéticas. También para la teorización internacional del organicismo en los años cincuenta, especialmente en los textos del italiano Bruno Zevi, la revalorización del catalán Antoni Gaudí fue la pieza fundamental. No sólo eso, la obra de Gaudí va aumentando su influencia y, a punto de entrar en el siglo XXI, es una referencia para las nuevas generaciones de arquitectos, desde el valenciano Santiago Calatrava hasta el japonés Toyo Ito.

La Pedrera
Forma y fondo de un edificio

Daniel Giralt-Miracle

En su plenitud profesional, a los cincuenta y cuatro años y cuando ya había alcanzado un estilo propio y una manera de hacer independiente respecto a los estilos históricos, Gaudí proyectó la casa Milà (1906-1912), que se convertiría en su última obra civil, así como en una de las más innovadoras en los aspectos funcionales, constructivos y ornamentales. De hecho, por sus propuestas artísticas y técnicas siempre ha sido considerada una obra de ruptura, fuera de los esquemas de su tiempo, una *rara avis* dentro del propio modernismo y especialmente anticipadora en relación con la arquitectura del siglo XX.

La casa Milà es la cuarta y última de las obras que Gaudí realizó en el paseo de Gràcia, en aquellos años la avenida más importante de la ciudad. Las dos primeras, hoy desaparecidas, fueron la farmacia Gilbert (1879) y la decoración de la sala del bar Torino (1902), la tercera fue la casa Batlló, construida entre 1904 y 1906 sobre la base de un antiguo edificio del Eixample, y la última, la que en 1906 le encargaron Pere Milà i Camps y su esposa, Roser Segimon i Artells, para construir en un terreno de 34 x 56 metros, ocupado hasta aquel momento por un chalé con jardín, que estaba emplazado en la esquina del

*Ritmos ondulantes
de la fachada anterior,
la posterior y los cielos rasos.*

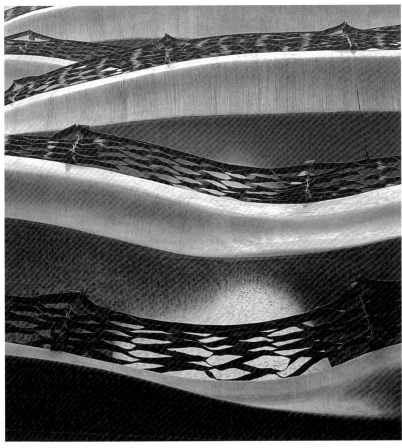

paseo de Gràcia con la calle de Provença, justo en el punto donde hasta 1897 se había situado el límite entre el municipio de Barcelona y la ex villa de Gràcia, que aquel año se incorporó a la ciudad.

Famosa en todo el mundo por la espectacularidad de su fachada y por la originalidad de su azotea y chimeneas, la casa Milà no sólo es una obra de arte excepcional, sino que además se la considera uno de los edificios más importantes de la arquitectura del siglo XX. Por su singularidad ha recibido todos los reconocimientos posibles: figura en el catálogo del Patrimonio Artístico de la ciudad de Barcelona desde 1962, fue declarada monumento histórico-artístico de interés nacional por el Estado español el año 1969 e inscrita como bien cultural del Patrimonio Mundial por la UNESCO en 1984.

Denominada oficialmente casa Milà –por haber sido una iniciativa inmobiliaria de esta familia, que también estableció en ella su residencia–, popularmente se la conoce con el sobrenombre de la Pedrera, el cual alude irónicamente a su aspecto externo, muy parecido al de una cantera abierta. Sin embargo, la peculiaridad de este edificio radica en el planteamiento conceptual que Gaudí hizo de una esquina del Eixample de Barcelona, escapando del rigor ortogonal del Plan Cerdà y haciendo una propuesta nueva que integra dos edificios, uno con acceso por la calle de Provença y otro con acceso por el chaflán del paseo de Gràcia, detrás de una fachada ondulante, cuyo ritmo sinuoso se proyecta también al interior del edificio. Este inmueble de seis plantas destinadas a viviendas se resuelve entorno a dos patios interiores, uno circular y otro oval, que se comunican entre sí, y cada una de las plantas de este edificio doble se divide en cuatro viviendas, distri-

buidas de manera que todas den a una fachada exterior, la de la calle o la del interior de la manzana.

Vista aérea de la cubierta.

Vemos, pues, que Gaudí en esta obra ya actúa libre de las influencias anteriores, por lo que es capaz de crear una obra de gran personalidad, en la que los valores escultóricos y los valores arquitectónicos logran una perfecta conjunción, y componer una arquitectura original que unos han querido ver cercana al modernismo europeo (francés, belga o vienés), otros como una obra directamente vinculada al expresionismo germánico, e incluso algunos la han asociado a la moderna escultura abstracta. Pensamos, sin embargo, que cuando Gaudí proyecta y construye la Pedrera no se siente deudor de ningún estilo ni escuela y actúa de manera independiente y creativa, sin bien no podemos dejar de ver alusiones a la naturaleza, tanto a las formas geológicas como a las marinas.

El paseo de Gràcia, esquina con la calle Casp, ca. 1910.
(FOTO BRANGULÍ. ARXIU NACIONAL DE CATALUNYA)

La Barcelona de 1900

La Exposición Universal de Barcelona de 1888 supuso un gran impulso para la ciudad. La hizo crecer, la modernizó, le dio una fisonomía nueva y la consolidó como urbe. Era aquella una época de gran tensión social y política. No obstante, la burguesía supo aprovechar los momentos de estabilidad para consolidar el desarrollo que promovía. Los capitales repatriados procedentes de las colonias perdidas en Cuba y Filipinas permitieron llevar a cabo importantes iniciativas en el campo industrial e inmobiliario. También en aquellos años se produjo en toda Cataluña un fortalecimiento del catalanismo que alcanzaba a todo el espectro político, desde los partidos burgueses hasta las clases trabajadoras. Por otro lado, el arte, la música, el pensamiento, la difusión del teléfono, la red de carreteras, los museos y las universidades recibieron un nuevo impulso que hizo desarrollar el país y que los historiadores consideran uno de los períodos de mayor pujanza de la historia de Cataluña que, de esta manera, se incorporó plenamente a Europa.

El hecho de que Barcelona ya no pudiera mantenerse circunscrita dentro del recinto de sus murallas del siglo XIX, hizo que se expandiera en dirección a las villas más próximas –Sant Martí de Provençals, Sant Andreu, Gràcia, Sant Gervasi y Sarrià–, que, con el paso de los años, acabarían siendo agregadas a la gran ciudad. Precisamente fue el camino más corto entre el Portal de l'Àngel de la vieja muralla y la villa de Gràcia el que se convertiría en el paseo de Gràcia.

La llamada «manzana de la discordia»: casa Batlló (Gaudí), casa Amatller (Puig i Cadafalch) y casa Lleó Morera (Domènech i Montaner). Abajo, el paseo de Gràcia a principios del siglo XX.
(FOTOS BRANGULÍ. ARXIU NACIONAL DE CATALUNYA)

En el fondo, esta avenida es el resultado de ensanchar el antiguo Camí de Jesús –que seguía el lecho de una antigua riera– en cuyos márgenes había fuentes, jardines, unos Campos Elíseos y diferentes centros de recreo; una zona extramuros a la que los barceloneses iban a pasear o a divertirse los días festivos. La concurrencia en este camino hizo que poco a poco se

fuera transformando en la vía principal de la vida ciudadana y que, por tanto, la avenida fuera iluminada y el suelo empedrado, y que por ella circularan los principales transportes públicos y privados, que progresivamente sustituían a los carros y tartanas de caballos y mulas por el automóvil y los tranvías eléctricos. También en esta avenida se comenzaron a construir los edificios más significativos de la ciudad, y en ella se situaron los mejores teatros y cines, las tiendas de más renombre, muchas de ellas procedentes de la calle de Ferran, y establecimientos de comidas y bebidas, hasta convertir el ya denominado paseo de Gràcia en el escenario de todos los acontecimientos importantes de la ciudad.

Fue también en esta avenida del futuro donde los burgueses más adinerados y con más empuje decidieron edificar sus casas y, en una carrera de osadía y exhibicionismo, encargaron los proyectos a los arquitectos más prestigiosos del momento. Josep Puig i Cadafalch levantó entre 1898 y 1900 la casa Amatller, a partir de una construcción preexistente. Lluís Domènech i Montaner edificó la casa Lleó Morera entre 1904 y 1905. Gaudí llevó a término la reforma y ampliación del edificio situado en el número 43, que pasó a denominarse casa Batlló, adoptando el nombre de su promotor, y que en muchos aspectos es un preludio de su gran obra en este paseo, la Pedrera, que construyó inmediatamente después de este inmueble. Es en este contexto en el que nació la denominada «manzana de la discordia», muestra explícita de la prosperidad arquitectónica de aquel momento, directamente relacionada con el modernismo, del que hay ejemplos notables a lo largo del paseo de Gràcia, pero también en todo el Eixample.

En Cataluña, este estilo fue algo más que una versión del *Art nouveau* francés, el *Liberty* inglés o el *Jugendstyl* alemán. Fue la expresión de una reacción cultural espontánea que quería exteriorizar los sentimientos de un

La Pedrera en proceso de construcción, 1908.

El paseo de Gràcia esquina Provença, ca. *1918.*

nacionalismo renovado que recogía elementos del romanticismo y del populismo del siglo XIX. En el fondo, se trataba de una manifestación contra la chabacanería y el tradicionalismo fácil y a favor, sobre todo, de la incorporación de las corrientes europeas a la cultura catalana. Este movimiento, que influyó en los campos de la poesía, el teatro, la pintura y la música, repercutió principalmente en las artes plásticas y en la arquitectura, hecho por el cual probablemente Barcelona es la capital mundial del modernismo arquitectónico.

Antoni Gaudí participó indiscutiblemente de esta corriente y como ciudadano fue uno de sus representantes más conspicuos. Realizó su gran obra en el marco de una ciudad determinada y en un momento preciso, cuando se estaban construyendo el Palau de la Música Catalana, el hospital de Sant Pau, la casa de les Punxes, etcétera; es decir, obras genuinamente modernistas. No obstante, estilísticamente él no se sometió a los dictados formales y estéticos de esta corriente. Es evidente que en su obra hay rasgos modernistas, particularmente en la utilización de los elementos ornamentales, pero también es innegable que fue un creador independiente.

Por estos años, concretamente en 1904, fue cuando Josep Batlló encargó a Gaudí la ampliación y reforma de un edificio de su propiedad ubicado en el paseo de Gràcia. Si bien fue Pere Milà quien lo presentó a Josep Batlló, hasta que conoció el proyecto que el arquitecto había preparado para este inmueble (la casa Batlló) no se decidió aquél a encargarle la construcción del edificio más espectacular del paseo de Gràcia, la Pedrera. Pere Milà i Camps pertenecía a una de las familias más distinguidas de Cataluña, era un hombre de mundo que se dedicaba a los negocios, que tenía una vida pública muy activa y que viajaba frecuentemente por Europa. Milà se casó en segundas nupcias con Roser Segimon, viuda de Josep Guardiola, un indiano muy rico que legó a su mujer una considerable herencia.

La construcción del edificio fue compleja y planteó abundantes problemas económicos, ya que Gaudí se excedió en las previsiones presupuestarias. Si inicialmente Roser Segimon manifestó una relativa simpatía por Gaudí, por el hecho de que ambos procedían de la ciudad de Reus, a medida que el edificio avanzaba las relaciones se enrarecieron hasta llegar a la confrontación. Muertos el arquitecto y Pere Milà, Roser Segimon decidió sustituir la decoración interior de su vivienda propuesta por Gaudí por un artificioso estilo Luis XV. Pere Milà, como el conde Güell, había entendido la ambición de la obra gaudiniana y a pesar de los costes y las desmesuras respetaba a Gaudí y le daba libertad creadora, una opinión que no compartía ni Roser Segimon ni otros representantes de la burguesía, ni tampoco la opinión pública de la ciudad, que consideraba la Pedrera una auténtica aberración que rompía la estética de la nueva avenida. De hecho, el nuevo edificio dejó tan estupefactos a sus contemporáneos que provocó una polémica ciudadana que ha quedado muy bien reflejada en la prensa de la época. Todo empezó cuando la valla de protección de la obra fue retirada, pues aunque todo el mundo coincidía en que se trataba de un edificio extraordinario, es decir, fuera de lo ordinario,

Chiste de la época de la construcción de la Pedrera.

había quien cuestionaba su valor artístico y la procedencia o no de que una casa de estas características ocupara una chaflán tan significativo del paseo de Gràcia[1].

Justo es decir que, en general, la población de aquellos años se manifestaba contra todo lo que el modernismo representaba, tanto la casa Batlló, llamada también «casa de los huesos», como las farolas del paseo de Gràcia del arquitecto Pere Falqués provocaron asimismo una notable reacción ciudadana, y las revistas de humor de la época ridiculizaban con chistes y comentarios irónicos las nuevas obras. En el caso de la Pedrera, llegaron a equipararla con un gran aparcamiento futurista de zepelines o con una mona de Pascua, sin olvidar todas aquellas reflexiones sobre la imposibilidad de cubrir con colgaduras sus balcones, por ejemplo. Tuvieron que pasar muchos años antes que figuras como Salvador Dalí, los arquitectos racionalistas del GATCPAC, Le Corbusier, J. J. Sweney, Nikolaus Pevsner, G. R. Collins, R. Pane o Bruno Zevi, entre otros, comenzaran a crear una corriente internacional de reconocimiento hacia Gaudí y la Pedrera.

Viñeta humorística de Picarol (Josep Costa) publicada en L'Esquella de la Torratxa, *4.1.1912.*

La fachada

De este macroedificio, que cubre una importante esquina del Eixample y que por su volumen y características podemos calificar de catedral laica, hay que resaltar los aspectos constructivos y la original aportación estructural que esconde en su interior, así como el tratamiento de la fachada, rica por su plasticidad y acusada expresividad. Es tan fuerte la unidad que Gaudí consigue entre el fondo y la forma, entre los elementos de soporte y los elementos de cerramiento de todas las superficies del inmueble, que a veces resulta difícil determinar si se trata de una obra netamente arquitectónica o de una pieza esencialmente escultórica. Cèsar Martinell, discípulo y notable estudioso de la obra de Gaudí, fue aún más lejos y en uno de sus libros habla de este conjunto como si se tratase de la *escultura abstracta más grande que existe*[2].

Indiscutiblemente el elemento más visible de esta construcción es su fachada y los acabados tridimensionales de la cubierta. No importa desde donde se mire, siempre hay puntos de vista sugerentes y cambiantes, sea desde la calle, sea desde los edificios situados enfrente. A pesar de su solidez, parece que la fachada, toda ella de piedra, haya sido modelada en arcilla, utilizando las huellas de los dedos para crear un relieve de ritmos ondulantes

Dibujo de la fachada del edificio, según el proyecto presentado al Ayuntamiento de Barcelona por Gaudí en 1906.

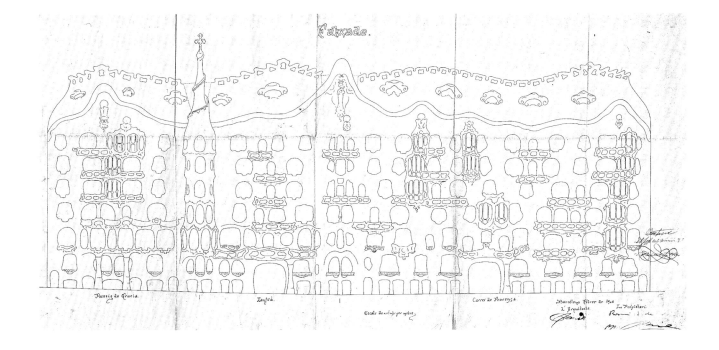

Vista parcial de la fachada de la calle Provença.

Detalle de la maqueta de yeso realizada por Joan Beltran bajo las indicaciones de Gaudí, 1910.

que, esencialmente, juega con el contraste de los positivos y los negativos.

La definición y el diseño de esta fachada son producto de una larga evolución y de mucha dedicación por parte de Gaudí. Los primeros dibujos que se conservan corresponden a las plantas y alzados que la propiedad y el arquitecto presentaron en el Ayuntamiento de Barcelona en febrero de 1906 para solicitar el permiso de obra. En ellos ya aparecen muy claras las ideas maestras de Gaudí, que no tienen nada que ver con las reinterpretaciones historicistas que había utilizado en edificios anteriores. En estos planos, la fachada que proponía el arquitecto aún guarda relación con las soluciones utilizadas en la casa Batlló. Es decir, un juego de balcones y tribunas que se distribuyen siguiendo unos ritmos regulares, aunque sujetos todavía al esquema clásico de ventana y balcón. En un fase posterior, cuando Gaudí hace una maqueta de yeso para ser exhibida en la Exposición Internacional de París de 1910 –de la que se conserva una excelente fotografía de Aleu–, el concepto ya es completamente diferente. No sólo se trata de abrir orificios en la fachada para iluminar y ventilar el interior del edificio, sino que se quiere realizar una gran fachada que, por sí misma, tenga un ritmo; ritmo que Gaudí consigue combinando los vacíos y los llenos, la solidez de la piedra y la ligereza que proporcionan las aberturas, sean ventanas, tribunas o balcones. Y es precisamente el original soporte estructural del edificio el que permite esta solución, ya que libera la fachada principal de las funciones de muro de carga, atribuyéndole simplemente las de muro-cortina. Cada uno de los sillares y bloques de piedra de la fachada están ensamblados a unos elementos metálicos que salen de las vigas del forjado. Gracias a este procedimiento, Gaudí pudo actuar con gran libertad formal y otorgar a la plasticidad tanta importancia como a la funcionalidad.

De acuerdo con los planos presentados por Gaudí, las medidas del edificio que se proponía construir eran de 10,05 metros de largo en el paseo de

Claraboya de la tribuna principal, ubicada en el chaflán del paseo de Gràcia.

Repliegues de la fachada anterior, y superficies alabeadas de la entrada del paseo de Gràcia.

Gràcia, 20 metros en el chaflán y 42,50 metros en la calle de Provença, con unos 1.629 metros cuadrados de superficie del solar y 1.323,54 metros cuadrados de superficie edificada, deduciendo los patios. Por tanto, se trataba de una volumetría arquitectónica muy importante, que indiscutiblemente proponía una idea nueva y un tratamiento de una esquina del Eixample que rompía con los esquemas tipológicos neoclásicos de las casas que rodean la Pedrera. Si bien el edificio final no responde al dibujado en el proyecto, Gaudí alteró el tratamiento regular de las fachadas, basado en una simetría formulada a partir del eje central de la puerta principal y en una variación de las alturas, que decrecen a medida que el edificio asciende, e hizo una propuesta innovadora partiendo de una lógica propia y de un dominio total de los recursos plásticos.

La espectacular e imponente fachada que arranca del paseo de Gràcia y, cubriendo todo el chaflán, acaba en la calle de Provença, cumple una función esencial: la de crear la sensación de una masa única que se sostiene por el ritmo de las ondulaciones. Como en el resto del edificio, prácticamente no hay líneas

Ventanas del piso principal, y detalle de la fachada al nivel de la calle.

rectas, ni planos regulares. Gaudí trabajó constantemente con superficies tridimensionales que, a diferencia de las arquitecturas que le eran coetáneas, dotaron al edificio de una carnosidad mórbida llena de relieve, vida y aspectos cambiantes. Precisamente uno de los atractivos que ofrece la fachada es la posibilidad de observar sus variaciones a lo largo del día y las mutaciones que experimenta según las estaciones del año. El sol de levante acusa la volumetría de la fachada que se vuelve más plana a mediodía y recupera su plenitud cuando el sol se pone. Unas alteraciones que también sufre con el sol bajo de invierno y el sol alto de verano. Los huecos y las tribunas producen un contraste entre las superficies cóncavas y las convexas que cambia constantemente en función de la situación del sol. No hay dos momentos iguales ni un único punto de vista privilegiado. Es, por tanto, el visitante el que, de acuerdo con estos cambios y con la propia situación, ha de buscar el momento y el punto ideales que le permitan descubrir todas las posibilidades plásticas de esta fachada.

Para entender el esmerado ordenamiento del proyecto final es muy importante tener en cuenta la unidad de conjunto compositiva. No debemos renunciar, sin embargo, a hacer observaciones concretas. Por ejemplo, los perfiles ondulantes o el rictus labial que recorre horizontalmente el edificio y que delimita la parte de luz y la parte de sombra de la fachada, al mismo tiempo que separa las plantas.

Tanto en la casa Batlló como en la Pedrera, Gaudí hizo uso de un lenguaje expresivo nuevo, realmente rupturista en su época. Detrás de la modulación del espacio ligeramente barroca que proponía, aparece el espíritu del arte abstracto, la fuerza del expresionismo, las ondulaciones del surrealismo, que le condujeron a ese universo mágico que ha dado pie a todo tipo de interpretaciones, desde las más oníricas y mitológicas hasta las más descriptivas o miméticas respecto a la naturaleza.

La casa Milà, que como hemos dicho muy pronto recibió la denominación de la Pedrera por la cantidad de bloques de piedra –provenientes del macizo de El Garraf y de Vilafranca del Penedès– que se emplearon en su construcción, fue minuciosamente elaborada por Gaudí sin el menor asomo de improvisación. A partir de la maqueta de yeso que también hemos citado, la fachada fue cincelada por puntos, transportando la escala a un volumen real. Cuando los bloques de piedra eran colocados en su lugar, Gaudí controlaba personalmente el ajuste final, dirigiendo a los canteros hasta el último retoque, de manera que las ondulaciones, los entrantes y los salientes encajaran repetando su idea de unidad.

A quienes hemos podido presenciar la gran operación restauradora efectuada entre 1987-1996, que habíamos conocido una Pedrera oscura, con la pátina de la contaminación, la humedad, los hongos y el musgo, y que después la pudimos descubrir casi blanca, sin ninguna clase de embadurnamiento, nos resulta difícil decir cuál de las dos es más atractiva o más cercana al espíritu gaudiniano. La Pedrera sucia dificulta la visión nítida de sus relieves y texturas, pero adquiere misterio. En cambio, la Pedrera limpia permite descubrir la riqueza de todos los matices y tratamientos de su piel. Con todo, no es extraño que una fachada tan atípica y espectacular haya provocado las interpretaciones más diversas y enigmáticas, igual que ha pasado con las construcciones

Detalle de los balcones de hierro y piedra.

de la azotea. Para unos la fachada de la Pedrera está directamente ligada a los movimientos del mar, consideran que las olas, el oleaje, las huellas que deja el agua en la arena tienen una traza parecida a la de los ritmos horizontales de la fachada. Otros hacen una interpretación más geológica y la vinculan a montañas, grandes macizos o acantilados. Joan Bergós, discípulo y amigo de Gaudí, habla de las peñas de Fra Guerau, en la sierra de Prades; Joan Matamala la asoció a la orografía de Sant Miquel del Fai; el escultor Vicente Vilarrubias descubría referencias del conjunto rocoso de Pareis, en Mallorca; el arquitecto japonés Tokutoshi Torii la relaciona directamente con los espacios-caverna de las cuevas subterráneas; el escritor Juan Goytisolo la considera inspirada en los paisajes naturales de Capadocia y el escritor y periodista Lluís Permanyer ve en ella la cresta de Sant Sadurní, en el Vallès Oriental. Unas interpretaciones que pueden ser verosímiles y que se basan, no tanto en declaraciones directas de Gaudí, sino en el espíritu de sus manifestaciones, como cuando se refería a la naturaleza diciendo que *siempre es mi Maestra*[3]. Una vez más estamos de acuerdo con el arquitecto Cèsar Martinell, cuando señalaba que la casa Milà no imita nada: *ni el oleaje del mar, ni una cantera*[4], porque una montaña rocosa es algo caótico, que obedece a leyes de la naturaleza y no a un sentido del ritmo y de la proporción buscado, como el que Gaudí pone de manifiesto en este edificio. Para Gaudí la naturaleza fue siempre un referente, pero un referente que se había de asimilar y superar antes de integrarlo a sus propias propuestas.

El aspecto exterior de la Pedrera se ve enriquecido por dos aportaciones sin duda esenciales: las barandillas de forja y el acabado de las líneas de la fachada en la parte alta del edificio. Las formas ondulantes y sinuosas de la fachada, de clara inspiración orogénica o geológica, se complementan en los balcones con unas barandillas trabajadas a partir de hierros reciclados (rejas, barandas, bidones, etc.) que, a la manera de un *collage* moderno, Gaudí remachaba hasta construir unas formas inspiradas también en la vegetación del mar o de la montaña. Al hablar de estas formas abstractas, a menudo se hace referencia al mundo de las algas, como si Gaudí hubiera querido hacer salir

Diversos trabajos de forja para las barandillas del edificio, realizados con chatarra recuperada.

Detalle de las inscripciones de inspiración religiosa que coronan la fachada anterior.

de las rocas que conforman la fachada una vegetación natural que enriqueciera los ritmos y las entonaciones de esta gran superficie, incluso se dice que Gaudí quería que en estos balcones hubiera plantas en abundancia que enfatizaran aún más el recuerdo del mundo natural. Es interesante observar las grandes diferencias que hay entre todas estas barandillas, aunque en todas ellas hay una gran unidad de concepto y de tratamiento. En realidad son auténticas esculturas abstractas que se anticipan a la manera de hacer de Julio González y Pablo Gargallo, los escultores que transformaron el hierro en un lenguaje de la escultura moderna, gracias a la aplicación de la soldadura autógena, procedimiento que Gaudí no pudo emplear porque aún no existía.

La pasión simbólica de Gaudí no podía permitir que la Pedrera se limitase a presentar unos ritmos formales atrevidos, sino que necesitaba dotar de una significación especial este emblemático edificio. Si miramos con atención el punto limítrofe entre la fachada y el inicio de la cubierta, podremos leer en una ubicación discontinua y con una grafía típicamente jujoliana las palabras «Ave», «Gratia», «M» (acompañada del relieve de una rosa, símbolo de María),

«Plena», «Dominus» y «Tecum». Una referencia a la invocación del ángelus y una clara alusión a la Virgen del Roser, así como una manera de recordar el nombre de pila de la propietaria del edificio. Dentro de esta simbología hagiográfica que en ocasiones inspiraba el mundo gaudiniano, parece que en algún momento del proceso de diseño y construcción de la Pedrera Gaudí reclamó la asistencia del escultor Carles Mani (colaborador de Gaudí en la Sagrada Familia), para que modelase una figura de la Virgen con Jesús, flanqueada por los arcángeles san Miguel y san Gabriel, uno con la espada que lucha contra el mal y el otro con el lirio de la pureza, para ubicarla justo en el punto medio del chaflán. Son muchos los datos que existen referidos a esta pieza y muchas las interpretaciones que se han dado acerca de su no realización. Para unos se debió a las discrepancias estéticas entre Pere Milà y Gaudí; para otros, a consecuencia de la Semana Trágica y las revueltas populares anticlericales y antimilitaristas que estallaron en Barcelona en julio de 1909. Sea por una razón o por otra, el hecho es que este elemento ornamental no se colocó en la fachada. Con todo, pienso que los ritmos de secuencias horizontales que Gaudí desarrolla en la fachada forman un *continuum* que no puede ser perturbado por un elemento volumétrico que sin duda rompería las sutiles ondulaciones del frente del edificio. Los ciento cincuenta orificios de la fachada y las treinta y tres barandillas de los balcones forman parte de un todo bien trabado que la preeminencia de la obra de Mani habría alterado, aparte de competir con los cuerpos emergentes de la azotea. Por tanto, mi opinión es que fue el propio Gaudí quien decidió no integrar este conjunto escultórico.

Dibujo de Joan Matamala que plantea la ubicación del grupo escultórico dedicado a la virgen del Roser, jamás realizado.

Fachada posterior del edificio

Ya hemos dicho que Gaudí concibió la Pedrera sin olvidar ninguno de sus detalles. Por razones obvias, la fachada del paseo de Gràcia y Provença y las de los patios interiores son sobradamente conocidas, ya sea a través de reproducciones fotográficas, ya sea a través de visitas al inmueble. Pero tanto o más importante que éstas es la que corresponde a la parte posterior del edificio, sólo visible desde el interior del bloque que configura la manzana paseo de Gràcia/Rosselló/Pau Claris/Provença o desde un pequeño balcón al que se accede desde la planta baja. Toda la fuerza y el mismo ritmo sinuoso que caracteriza las paredes, los cielos rasos y los elementos ornamentales de esta casa aparecen también en la fachada posterior, aunque en este caso con una mayor contención. Si la anterior es de piedra labrada, en la posterior, sobre las paredes en movimiento se aplicó un rebozado de cal y cemento, que posteriormente fue estucado a la cal con una coloración marrón de acusada entonación rojiza. Es especialmente interesante el pliegue provocado por el chaflán paseo de Gràcia/Provença, que Gaudí resuelve sutilmente cambiando la profundidad de las terrazas y con un ingenioso juego de barandas de hierro, también sinuosas en su trazado y colocación. Miremos por donde miremos el edificio, en una perspectiva frontal, posterior, interior o área, toda la Pedrera responde a un ajustado movimiento, presidido por el ritmo, la armonía y la cohesión entre forma y función.

Fachada posterior, vista desde el patio interior.

La azotea

Una de las partes más características y más conocidas de este edificio, divulgada tanto por la literatura técnica como por la turística, es el conjunto formado por el desván y la azotea. Una cubierta realmente original, que no tiene nada que ver con la arquitectura de su tiempo ni con las construcciones tradicionales o populares de Cataluña. Esta significativa parte de la Pedrera fue construida sin tener en cuenta las ordenanzas vigentes en su época. Sobresale de la alineación establecida por el Ayuntamiento de Barcelona y ocupa unos volúmenes no autorizados en aquel momento. En 1909 una comisión municipal examinó *in situ* las ilegalidades cometidas por Gaudí y abrió un expediente al arquitecto y a la propiedad, propiciando un debate que llegó al más alto nivel del Ayuntamiento de Barcelona que, finalmente, entendió que se trataba de un edificio de carácter monumental y excepcional y que, por tanto, no se podía derribar, por lo cual autorizó su permanencia.

¿Qué trataba de hacer Gaudí con esta cubierta? En primer lugar poner orden al exceso de elementos que remataban los edificios de aquella época. Entonces, la azotea se entendía como una especie de tierra de nadie, una zona para los trastos. Las cajas de escalera, las chimeneas, los trasteros, las torres de ventilación, las lumbreras, los depósitos de agua, los gallineros y los palomares se disponían arbitrariamente en la parte alta del edificio. El primer objetivo de Gaudí fue, pues, el de homogeneizar aquel conjunto buscando una solución armónica entre los ritmos de la fachada y el acabado de la cubierta. Decía repetidamente que los *edificios han de tener una doble cubierta, como las personalidades tienen sombrero y sombrilla*[5] y, convencido de que ésta no era solamente una frase, proponía que el

Vista de la azotea, antes de que fueran colocadas las barandillas, 1910.

desván de la Pedrera y todos los elementos que configuran su azotea actuaran respectivamente como una cámara protectora del edificio y una cubierta que lo dignificase y personalizase, objetivo plenamente logrado, como se constata mirando el entorno inmediato de la Pedrera y observando la gran diferencia que hay entre la manera como Gaudí trabajaba las cubiertas del edificio y la forma descuidada de los otros arquitectos. Sin duda, sólo en la obra de Gaudí encontramos orden, cualidad estética y gran funcionalidad de los elementos construidos.

En la azotea de la Pedrera, Gaudí actuó con la misma audacia que desplegó al hacer la fachada, con la que intenta, además, concordar. Por ello las barandillas de obra de la azotea son también ondulantes y siguen una línea curva, cuyo punto de inflexión va variando. Las que miran al mar son de una sinuosidad más suave y más bajas; por el contrario, las que miran a la montaña, que son más altas y acusadas, siguen los ritmos de la sierra de Collserola. Todo en esta cubierta insólita y cargada de fuerza artística cumple una función utilitaria preconcebida. En la azotea, distribuido en diferentes niveles

Cajas de escalera, chimeneas y torres de ventilación en la azotea.

→
La azotea desde la azotea, en una gran visión panorámica en la que se aprecian los diferentes niveles de la cubierta.

determinados por la altura de los arcos del desván, domina un conjunto de edículos que corresponden a tres tipos de construcción: las partes superiores de las *cajas de escalera*; las *torres de ventilación* y las *chimeneas*. Cuando Gaudí dejó acabado este edificio emergían de la azotea seis partes superiores de las cajas de escalera, dos torres de ventilación y siete chimeneas; años después, y a causa de los diferentes usos del inmueble, se añadieron otras chimeneas que se eliminaron en la restauración de 1995. Cuando Gaudí proyectó estos elementos arquitectónico-escultóricos estaba aprovechando la experiencia de los trabajos realizados en el palacio Güell y en la casa Batlló, tanto en las formas y los volúmenes como en el tratamiento de las superficies. En el caso de la Pedrera, los elementos de mayor volumetría son las seis partes superiores de las cajas de escalera. Los cuatro que dan al paseo de Gràcia, por ser más exteriores y muy visibles desde la calle, tienen un tratamiento más cuidado, trabajado en *trencadís*, material formado por fragmentos de piedra, mármol o baldosa cerámica esmaltada. En cambio, las dos partes superiores de las cajas de escalera interiores, por ser menos visibles, solamente están enlucidas y pintadas del mismo color que las paredes interiores de las barandillas. Sin embargo, en todos los casos estos grandes edículos cumplen una función específica. En primer lugar son las cajas de escalera que comunican el desván con la azotea, en segundo lugar son ventilaciones que ayudan a renovar el aire del desván y, en tercer lugar, cobijan, en su parte alta, los depósitos del agua a fin de que al bajar ésta tenga más presión. Para suavizar los volúmenes de estas construcciones, Gaudí utiliza formas curvas, todas ellas derivadas de la geometría reglada que, a causa de su concavidad y convexidad y de su forma cónica, aligeran la edificación, que Gaudí remata en la parte superior con cruces de cuatro caras, según tenía por costumbre.

Gracias al dominio de los materiales y de las formas que tenía Gaudí, estas cajas de escalera, a pesar de su considerable volumetría, no resultan pesadas ni excesivamente dominantes. El análisis que hizo Gaudí del edificio desde diferentes puntos de vista le llevó a la conclusión de que, acabada la fachada del edificio, había que retirar unos metros las paredes de cerra-

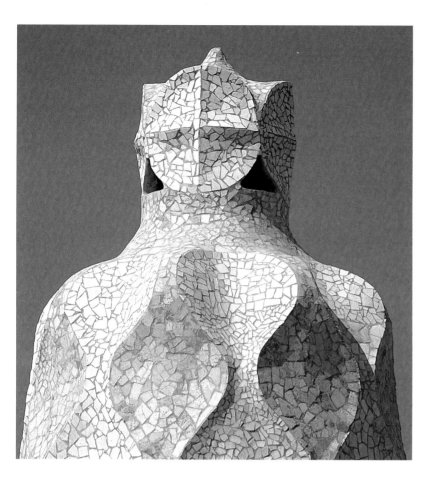

Cajas de salida a la azotea: la una recubierta de trencadís *de mármol; la otra, estucada con mortero de cal y yeso.*

miento de la buhardilla y que en este nivel de la azotea se tenían que construir las partes superiores de las cajas de escalera todavía unos metros más atrás. Si observamos con atención la plasticidad de estas formas, veremos que juegan siempre con ondulaciones y relieves, que ninguna de ellas es plana, lo que les da mucho contraste, y que siempre tienden a una esbeltez ascendente, unas características que también encontramos en las dos torres de ventilación, situadas junto al patio central de la manzana. Si bien estos dos edículos tienen asimismo una función muy clara, Gaudí en ningún momento se limitó a construir unas salidas de aire convencionales. Las formas eran muy importantes para él y éstas tenían que obedecer a un orden interno, a un sistema constructivo que tiene en la geometría del espacio su razón de ser. Por ello, Gaudí no sólo proyectó sobre el papel todo este conjunto de formas, sino que también hizo, con la colaboración del escultor Bertran, unas maquetas de yeso a escala 1:10 (una de las cuales aún se conserva en la Cátedra Gaudí), que nos muestran cómo la generación de formas complejas articuladas entre sí, tanto a nivel artístico como a nivel compositivo,

→
Cupulines de un grupo de chimeneas.

Chimenea recubierta con cascos de vidrio, y torre de ventilación.

le permitieron diseñar unos volúmenes insólitos que igual pueden hacer referencia a formulaciones geométricas (sinuosidades de la cinta de Moebius) o vegetales (la mazorca) que a formas artísticas propias de la escultura abstracta. Por último, hay que mencionar los edículos más pequeños, las chimeneas, que en algunos casos son exentas y en otros, para evitar la dispersión de estas salidas de humo, están agrupadas en conjuntos de tres o de cuatro. Ya adopte una solución u otra, siempre las hace girar sobre sí mismas, siguiendo un trazado interior y exterior que obedece al desplazamiento aerodinámico de los humos, y las remata con unos sombrerillos en forma de cupulino que protegen la salida de los humos. Vale la pena prestar atención a uno de estos grupos de chimeneas, que está recubierto con vidrios verdes de botellas antiguas, en una original versión del *trencadís*, para el que Gaudí aprovechó los culos y cuellos de botellas y dejó que el vidrio actuara como protector impermeabilizante al tiempo que daba una nota de color estética, tal como ya había hecho en el palacio Güell y volvería a hacer en la Sagrada Familia. Una vez más, pues, vemos que Gaudí no sólo aplica una buena solución técnica, sino que también resuelve brillantemente un problema formal.

El sistema constructivo de todos estos elementos escultórico-artísticos parte de bóvedas de panderete, aplicadas con uno o dos gruesos según las zonas y unidas con mortero o cemento, que adoptan diferentes formas geométricas curvadas (parabólicas, helicoidales, tronco-piramidales). En el caso concreto de las salidas de escalera, observamos que en su parte interior están resueltas con una bóveda de forma troncocónica. Todos están atravesados por un eje cilíndrico que soporta en su parte alta el depósito del agua y guarece las cañerías ascendentes y descendentes. Entre este eje cilíndrico y las paredes de la caja de escalera, también cilíndrica, se apoyan la escalera de caracol que comunica el desván y la azotea, así como los paramentos exteriores alabeados (a la vez soportados por paredes perpendiculares de ladrillo que actúan como costillas) que al final se recubrían de *trencadís* o se enlucían con mortero de cal y yeso. Como hemos dicho, en los edículos próximos a la fachada se sobreponían fragmentos de mármol o cerámica, siguiendo la solución del *trencadís* ya utilizada en el palacio Güell, la casa Batlló y en el parque Güell, es decir, troceando irregularmente baldosas (que procedían de fabricaciones defectuosas, de cerámicas antiguas o de derribos) que Gaudí reciclaba en una infinidad de juegos decorativos, aunque en el caso de la Pedrera aplicó una gama casi monocroma, utilizando sólo tonalidades muy suaves de blancos, amarillos, beiges, azules..., que básicamente subrayan las formas. Unos colores muy a tono con el de la piedra original amarillenta, las pinturas de los patios interiores y el ocre dominante en la azotea. De nuevo, pues, Gaudí nos demuestra que todos los materiales son válidos si se sabe encontrar su función.

Simbologías

Si un edificio se presta o da pie a interpretaciones fantásticas, éste es el de la Pedrera, vista en su conjunto o a través de cada una de sus partes (espacios interiores, fachadas, patios o azotea). Es sabido que en el imaginario de Gaudí había un rico trasfondo en el que la cultura medieval, los mitos, la religión, las leyendas históricas y las arquitecturas antiguas se interrelacionaban, por tanto, como toda obra de Gaudí, la casa Milà puede ser leída en claves mágicas, ocultistas, astrológicas, religiosas, literarias o mitológicas. No obstante, Gaudí nunca fue víctima de un determinismo proveniente de las fuerzas ocultas, sino más bien de la claridad de ideas y conceptos. Todas sus fantasías artísticas se basan en la funcionalidad, la racionalidad y la economía, a pesar de que, contrariamente, su capacidad de crear formas fuera exuberante y no estuviera condicionada por nada. La Pedrera en su conjunto, pero particularmente la azotea, ha sido vista de muchas maneras. Se ha hablado de una recreación del país de las maravillas, de referencias a culturas megalíticas, de un desfile de caballeros templarios, de un gran castillo medieval, de una réplica de la montaña de Montserrat, de gigantes y gigantas fosilizados, de un laberinto petrificado, de una versión surrealista de la arquitectura, de una anticipación de la ciencia-ficción y el cómic, de una procesión de encapuchados y también de un jardín de guerreros. Incluso, desde que la Pedrera se abrió a la visita pública, son muchos los visitantes que preguntan dónde está aquel fantasma que popularizó una leyenda que corría por la Barcelona de los años treinta. También existen estudios especializados que tratan de demostrar cómo la distribución de las partes superiores de las cajas de escalera, las torres de ventilación y las chimeneas obedecen a cálculos de la cábala, a rituales de la masonería o a disposiciones astrológicas concretas. No se

Las formaciones rocosas de la naturaleza, posible motivo de inspiración de las formas gaudinianas.

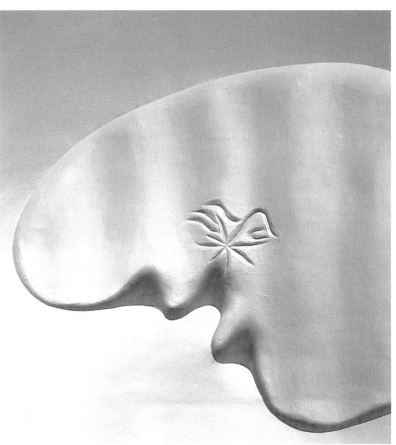

puede negar que Gaudí es sugerente, que todas sus obras nos invitan a dejar volar la imaginación y que, como toda obra de arte, el espectador puede interpretarla libremente, pero somos de la opinión que lo que hizo Gaudí es desarrollar su fantasía y original capacidad modeladora de las formas sin sentirse deudor de un modelo, una doctrina o un estilo concreto. Como escribió Carlos Flores en 1982, *la azotea de la Pedrera puede ser considerada como la culminación de las experiencias gaudinianas, en cuanto a la conversión de un conjunto de elementos estrictamente funcionales en un fenómeno plástico de múltiples significaciones*[6]. Es decir, un universo formal, lleno de sugerencias y lleno de insinuaciones, y es que para Gaudí todos los elementos (forma, color, viento, luz, atmósfera o paisaje urbano) son buenos recursos para hechizar al espectador.

Ornamentos e inscripciones en los cielos rasos de la planta noble.

El desván

La restauración de la Pedrera, efectuada entre 1987 y 1996, culminó con la recuperación de su impresionante desván, sólo conocido por unas fotografías conservadas en el Archivo Mas y por aquellas personas que habían podido visitarlo antes de 1954, cuando fue transformado por el arquitecto F. J. Barba Corsini en apartamentos de alquiler.

La planta del desván presenta una solución estructural construida a base de doscientos setenta arcos parabólicos, diafragmáticos, y bóvedas de panderete, aseguradas por el envigado de los forjados del último piso. Pese a la sensación de unidad que se percibe en el interior de los aproximadamente 1.300 metros cuadrados de superficie del desván, la disposición, la altura y la anchura de los arcos dejan ver notables diferencias que se reflejan en la azotea, cuyas variaciones de nivel se salvan mediante un juego de escalones que siguen el ritmo ascendente y descendente de los arcos. Un conjunto, el de estos arcos de traza paraboloide hiperbólica, que tiene claros precedentes en el colegio de las Teresianas y en el desván de la casa Batlló. En estos tres casos, Gaudí aplicó la fórmula de los denominados arcos equilibrados, generalmente de perfil catenario, que permiten un perfecto reparto de las cargas, no tienen puntos de tensión y hacen trabajar los ladrillos a compresión, transformando el arco en una estructura unirresistente. En la Pedrera, para acabar de trabar el conjunto de los arcos, Gaudí realizó un eje longitudinal de tres hileras de ladrillo que los une por su clave y actúa a la manera de un esternón de los diferentes arcos-costilla. Su racionalidad es intuitiva, producto de un

Maqueta de la distribución de los doscientos setenta arcos que configuran el desván.

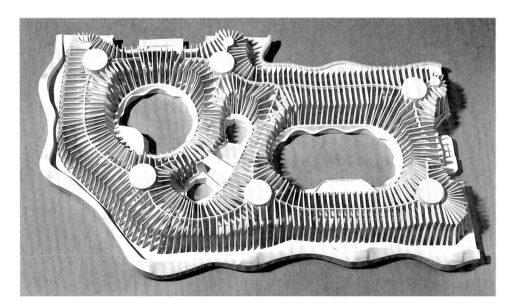

profundo estudio de los arcos góticos, de las bóvedas a la catalana y de la forma que adoptan las cadenas cuando cuelgan de sus extremos. Un sistema elemental a partir del cual Gaudí calculó los arcos de este costillar sin fin y creó uno de los espacios con más fuerza e interés del edificio (que en más de una ocasión se ha com-

parado con la estructura de una barco invertido o con la anatomía de un animal de caja torácica voluminosa, como la ballena). Esta planta está cerrada con tabiques de baldosa inclinados que actúan de solera, su disposición es regular o alabeada, según la situación de los arcos interiores, y forman una especie de buhardilla que, en su parte exterior, está revestida con piedra de Ulldecona.

El desván que mediante los arcos soporta la azotea y que descansa sobre las vigas de la última planta del edificio es una pieza arquitectónica independiente. Una especie de construcción encima de otra construcción. Es el casquete que protege el inmueble de la intemperie y al mismo tiempo le da un acabado atípico. Siguiendo la tradicion del desván catalán, propio de las masías y las casas solariegas, Gaudí situó un espacio de protección del edificio, una cámara aislante, que preparó tanto para proteger el edificio del calor del verano como para evitar el frío del invierno, pero en lugar de construirla con los sistemas tradicionales de paredes y vigas, aplicó los ya mencionados arcos que le ofrecían una cualidad estética diferente, además de su bajo coste y fácil ejecución. Con el objetivo de conservar en su interior un microclima derivado del calentamiento de los ladrillos y del sol que entra por las ventanas en invierno, y de crear una corriente de aire que renueve el calor concentrado en el interior del desván y regenere su atmósfera en el verano, Gaudí proyectó un sistema de ventanas que se tenían que abrir o cerrar en función de la época del año. Utilizó de forma alterna dos tipos de ventanas, unas de 50 x 50 centímetros, situadas al nivel de los ojos entre arco y arco, y otras más pequeñas, variables según el emplazamiento, que ubicó en la parte más alta de estas paredes.

Un procedimiento con el que no sólo consiguió una iluminación ambiental, sino también, y como acabamos de decir, unos puntos de ventilación de la galería que, por estas características, se convierte en el lugar ideal para ubicar los lavaderos y tendederos, tal como previó Gaudí.

Al pasear por el interior del desván es importante observar la estructura desde diferentes perspectivas. De esta manera podemos apreciar el juego armónico de la oscilación de los arcos, los puntos donde se configura una bóveda de distribución, los arcos de palmera que nacen en las paredes que hacen esquina y, sobre todo, el impresionante diálogo entre las zonas altas y las zonas bajas, como si el edificio, carente de paredes interiores, permitiera siempre circulaciones sin fin, a la manera de un laberinto. Se trata, pues, de un conjunto de gran calidad arquitectónica que en ocasiones nos recuerda el interior de una catedral gótica, si bien en este caso Gaudí trataba de resolver una de las zonas de menos calidad del edificio.

Exteriormente, hay que prestar atención también al camino de ronda que Gaudí situó entre el desván y la barandilla de obra de la fachada, que permite

Diferentes perspectivas de los arcos catenarios de panderete que soportan la azotea.

recorrer perimétricamente todo el edificio. Este camino, que recuerda el de los castillos medievales y que también encontramos en Bellesguard, está cubierto por unos cupulinos de perfil parabólico y coronamiento apuntado en cuatro puntos, situados en los dos extremos de la fachada y en los giros del chaflán. Los paramentos del desván están revestidos con losas de piedra de Ulldecona y la superficie de los cupulinos, con fragmentos de *trencadís*. Las ventanas y ventanos que dan al exterior están protegidos con unas originales viseras (de piedra en la fachada exterior y de obra en la interior) que facilitan la entrada de una luz indirecta y al mismo tiempo actúan de protectores de la lluvia.

Estructura del edificio

Ya hemos dicho que una de las aportaciones más importantes de Gaudí con la Pedrera es el innovador planteamiento de una esquina del Eixample, que realizó con una gran coherencia lógica y creando una nueva manera de entender la arquitectura, tanto en las estructuras interiores como en la distribución de los espacios. La Pedrera, que consta de sótano y semisótano, planta baja, cinco pisos, planta desván y azotea, está dotada de una estructura de pilares de piedra y ladrillo macizo y de una trama de jácenas y viguetas de hierro que se anticipa de un modo muy evidente a la planta libre lecorbuseriana. De esta manera, Gaudí pudo eliminar los muros de carga y distribuir el inmueble con mucha más libertad, tanto en la parte que corresponde a las viviendas como en los grandes patios de ventilación e iluminación. También es producto de este sistema constructivo la fachada autoportante que se conecta a la estructura de vigas y pilares por medio de tirantes de hierro, por lo cual puede ser mucho más ligera, tener más aberturas y acentuar las formas ondulantes de su superficie. Una manera de construir que significó el nacimiento de una nueva concepción del espacio.

Si la tradicional estructura rectilínea de muros de carga, formados por sistemas de crujías paralelas, fragmentaba los interiores y limitaba las comunicaciones con el exterior, con su sistema de planta libre formada por los pilares y las jácenas, Gaudí aportó un nuevo planteamiento del edificio, gracias al cual pudo trabajar con mucha más agilidad los interiores y exteriores del inmueble, plantear diferentes configuraciones no vinculadas a una trama regular y dotar a las viviendas de una diversidad y de una variabilidad hasta entonces inexistente. Es por este motivo por lo que nada es

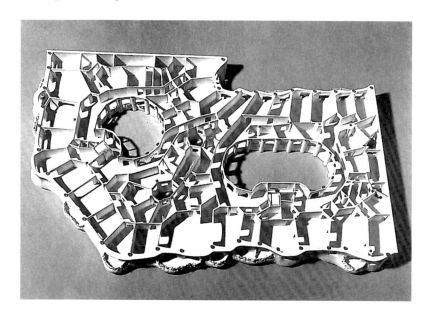

Maqueta de la distribución de una planta del edificio.

uniforme en este edificio: las plantas son diferentes; la distribución de los pisos, cambiante y su configuración, diversa. Y sólo una estructura de soporte tan esquemática como la propuesta por Gaudí podía permitir una creación de espacios interiores y de relación con los espacios exteriores tan autónoma. Asimismo, gracias a este sistema, Gaudí pudo hacer una de las innovaciones más importantes en la tipología de casas construidas en el Eixample barcelonés: agrupar los pequeños patios de ventilación distribuidos en cada planta en dos grandes y centrales que organizan toda la planta y facilitan su mejor iluminación y ventilación.

Siguiendo los modelos inspirados en la naturaleza, pero sin olvidar la lógica gaudiniana, podemos decir que el concepto de la Pedrera se acerca a una anatomía humana. La estructura de pilares es equivalente a los huesos que sostienen verticalmente el cuerpo (tibia, peroné, fémur y columna vertebral); las jácenas horizontales trabajan a la manera de las costillas, la pelvis y las clavículas; la cubierta es el equivalente al cráneo; los cimientos del edificio, a los pies; y los relieves y la piel de la fachada, a la carne y piel del cuerpo humano.

Maqueta de la fachada, en la que se puede apreciar cómo actúa de muro-cortina.

Vista interior de la maqueta, en la que se puede comprobar la relación entre los pilares y los forjados.

Accesos y sótanos

Otra de las innovaciones de la casa Milà es el emplazamiento de las caballerizas en el sótano del edificio, una idea que Gaudí ya había planteado en el palacio Güell. El hecho de que la Pedrera tuviera más superficie le permitió otorgar a las rampas descendentes más amplitud, lo cual facilitaba el acceso de los caballos y carruajes, pero también de los automóviles, cuyo uso en aquel momento se comenzaba a generalizar en Barcelona.

Gaudí, pues, con esta obra planteó por primera vez la idea del aparcamiento subterráneo (con espacio suficiente para albergar el vehículo de todos los residentes del edificio), que se comunicaba a través de escaleras auxiliares, adosadas a las medianeras, con cada una de las plantas del inmueble. Un sistema que hoy es habitual en todos los edificios modernos, pero que Gaudí proponía entonces como una solución práctica para la vida urbana. Y una vez más es la claridad del sistema estructural la que permite que los automóviles accedan al interior del inmueble sin obstáculos y –circulando siempre alrededor de los pilares de soporte– lleguen al aparcamiento que les corresponde, situado debajo de los grandes patios centrales.

Existe una leyenda, inspirada en una idea inicial de Gaudí, según la cual en el primer proyecto del arquitecto estaba prevista una rampa helicoidal que se desarrollaría desde el sótano hasta la última planta del edificio a lo largo de los patios interiores, de manera que los coches pudieran subir al rellano de cada una de las viviendas. De esta idea sólo quedan las dos escaleras de base helicoidal que permiten pasar del nivel de la calle a la primera planta (la residencia de los propietarios) y la rampa de acceso al sótano. No obstante, lo más válido de esta propuesta es que cambió radicalmente

Dibujo original de la planta sótano destinada a aparcamiento según el proyecto de Gaudí de 1906.

Vista del patio interior de la calle Provença.

*Vestíbulo policromado
de la entrada del paseo de
Gràcia.*
(FOTO PELAI MAS. INSTITUT
AMATLLER D'ART HISPÀNIC)

los esquemas de las casas del Eixample, planteando a comienzos de siglo las circulaciones propias de un edificio urbano moderno.

Al estudiar los accesos al edificio es interesante señalar la idea que Gaudí tenía de crear una arquitectura dinámica y fluida, de ritmos secuenciales. Para él, los recintos de los patios interiores tienen una importancia fundamental. No son vacíos carentes de arquitectura, sino que son parte esencial de ésta. Lo lleno y lo vacío en cualquier edificio de este arquitecto, y especialmente en la Pedrera, forman una unidad indisociable. El uno da relieve al otro. Por eso Gaudí los trata con el mismo cuidado, en su morfología, en su textura y color y en la interrelación de los diferentes elementos que intervienen (balcones, tribunas, barandillas, etcétera). Con estas zonas de transición Gaudí también rompió con los modelos propios del Eixample, que marcaban una gran distancia entre el interior y el exterior, y estableció una armoniosa comunicación entre la calle, los amplios accesos al edificio y sus patios centrales. Es como si la fachada se prolongase hasta el interior del inmueble o como si éste se extendiera hacia la fachada. En ningún momento Gaudí quiere impedir la comu-

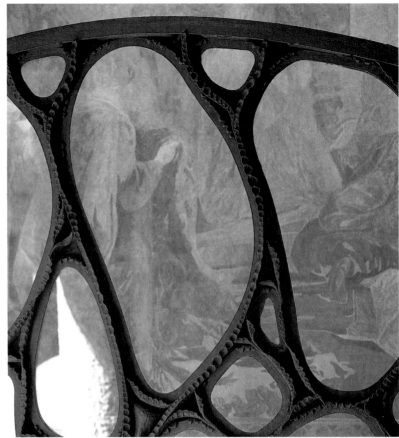

nicación, la física o la visual, y los grandes portales de hierro y vidrio situados en los accesos del paseo de Gràcia y de la calle de Provença nos lo constatan. A través de las sugerentes formas alveolares, que configuran este *trencadís* de vidrios transparentes, corta las corrientes de aire y nos invita a entrar en el edificio como si se tratase de una galería o de un pasaje.

Así vemos cómo la concepción del edificio genera unos espacios arquitectónicos que se convierten en los ejes alrededor de los cuales se dispone el resto de los elementos constructivos, una idea que Gaudí inició en la casa Batlló, donde el patio central es el núcleo de comunicaciones y de iluminación. En el caso de la Pedrera, si analizamos la parte construida, veremos que sus setenta y cuatro pilares son los ejes rectores del edificio. En cambio, si observamos la parte no construida, veremos que son los patios los que actúan de ejes articuladores de los espacios. Sin embargo, en ambos casos el diálogo entre estructura y forma es decisivo.

Al igual que otras partes importantes de la Pedrera, los patios tienen una dimensión mágica, acentuada por la integración que Gaudí hace de la luz,

Puerta practicable de la calle Provença.

Detalle del trabajo de forja de la puerta de la calle Provença.

la decoración, el color y las formas. Mirar el interior de los patios desde el suelo hacia arriba o mirarlos desde la cubierta hacia abajo es una experiencia sugerente que nos permite entender que Gaudí concebía la arquitectura de una manera tridimensional y no sólo desde los puntos de vista exteriores. Por esta razón las fotografías tomadas al nivel de la calle son tan interesantes como las que se hacen desde la parte alta de los edificios contiguos o las vistas aéreas. Para Gaudí el edificio es un todo porque obedece a un diálogo de formas que, en último término, acogen a las personas que las habitan. Discrepamos, por tanto, de aquellos que entienden la Pedrera como un espacio-gruta o un espacio-caverna, porque consideramos que ésta es una interpretación excesivamente mitológica, arcaica y sin fundamento. No se pueden confundir los espacios penetrables de Gaudí, marcados por una ordenada lógica constructiva, con una gruta de circulación caótica, resultado de unos azarosos movimientos geológicos de la tierra. Es evidente que en la obra de Gaudí hay un sentido del misterio, pero éste no tiene nada que ver con lo enigmático, lo oscuro o lo incomprensible, tiene que ver con la esencia de la obra de arte.

La lógica gaudiniana nos permite entender los patios como unos cilindros interiores que van de la azotea al sótano, donde situó la zona de maniobra de la *cochera* y las diferentes plazas para estacionar los vehículos, que entraban por los dos accesos del edificio que confluyen en la rampa central, por la que se entra en el sótano que distribuye a derecha e izquierda los coches. Es decir, Gaudí economiza y racionaliza al máximo los espacios a la vez que los interrelaciona de una manera muy fluida.

Volvemos a reiterar aquí que tan original como la concepción arquitectónica de Gaudí es su construcción. El suelo de los patios se sostiene

Maqueta de la estructura de hierro situada en el sótano, que soporta el patio interior del paseo de Gràcia.

sobre pilares ligeros de hierro colado. En el caso del patio elíptico de la calle de Provença, las vigas y jácenas siguen una disposición tradicional. En el patio cilíndrico del paseo de Gràcia, Gaudí aplica una de sus soluciones más ingeniosas: utiliza una original estructura metálica (que recuerda una rueda de bicicleta) formada por dos jácenas cilíndricas y concéntricas, tensadas por unas vigas radiales que en la parte exterior proceden de un mismo punto y que en el cilindro central se entregan en la parte alta y baja de la jácena curvada. De esta manera trabajan en tensión y compresión y traban, en una sola pieza, una estructura de ochenta centímetros de alto, capaz de soportar una superficie de doce metros de diámetro (el patio cilíndrico), que es, además, una de las piezas más bellas de la Pedrera.

Vista del interior de cada uno de los patios: el del paseo de Gràcia y el de la calle Provença.

Escaleras y ascensores

Las comunicaciones verticales del edificio son tres escaleras y las cajas de dos ascensores. En la innovadora distribución propuesta por Gaudí para una casa moderna y bien equipada de servicios, los ascensores pasan a tener un gran protagonismo. Situados a la izquierda de la entrada del paseo de Gràcia y a la derecha de la de la calle de Provença, sólo se comunican con los rellanos-tribuna que dan acceso a las puertas emplazadas a la derecha y a la izquierda de cada planta. Particularmente interesantes son las cabinas que, trabajadas íntegramente con madera, tienen pomos de latón, un cuadro de mandos también de latón y un teléfono de comunicación con cada una de las viviendas, hoy desgraciadamente desaparecido. Como era preceptivo en la época, el ascensor dispone de un banco de descanso que originariamente tenía brazos.

A diferencia del sistema predominante en el Eixample barcelonés, en la Pedrera no hay ninguna relación entre los rellanos servidos por el ascensor y los servidos por las escaleras, ya que éstas se consideraban como auxiliares o de servicio y por ello se sitúan en la parte posterior de las viviendas, junto a las paredes medianeras. Además, Gaudí situó en el punto medio del acoplamiento de los dos bloques del edificio otra escalera de servicio, correspondiente a los pisos situados en la parte central del edificio, independientemente de si se accede por el ascensor situado en la entrada de la calle de Provença o por la del paseo de Gràcia. Las escaleras, como es habitual en Gaudí, no son rectas ni planas, sino que obedecen a superficies alabeadas y variables a lo largo de su recorrido, igual que sucede en la escalera de la casa Batlló. Un elemento importante de las escaleras son las barandillas tra-

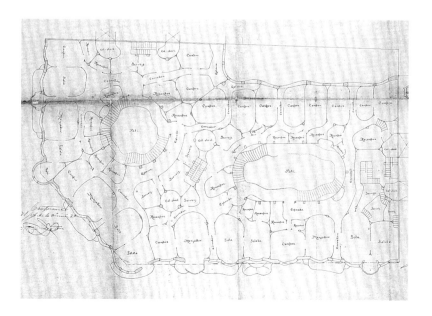

Dibujo original de la distribución de una planta, según el proyecto de Gaudí de 1906.

bajadas con cintas de hierro, torcidas y unidas con roblones, que siguen un movimiento ondulante variable en cada uno de sus tramos; un ritmo que también tienen los pasamos de madera que recorren cada uno de los pisos en una línea continua.

Por último, cabe señalar que esta distinción, la de los ascensores como medio de comunicación principal para acceder a las viviendas y las escaleras laterales como comunicación auxiliar o de servicio, responde conceptualmente a la idea moderna de los accesos mecánicos y las salidas de emergencia.

Escalera interior de servicio del patio de la calle Provença.

Escalera de acceso a la planta noble por paseo de Gràcia.

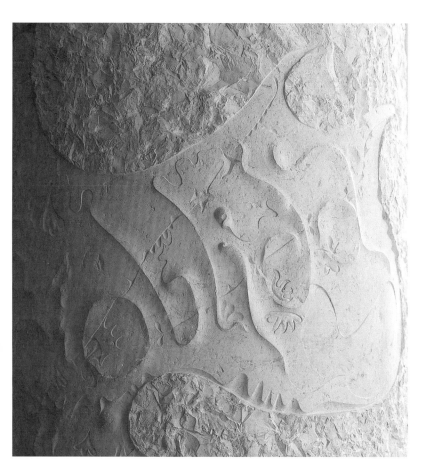

Artes y oficios

Relieve de una columna
de la planta noble.

Motivo ornamental
del basamento de una
de las columnas del piso
principal.

Aunque Gaudí no puede ser considerado estrictamente un arquitecto modernista, en el sentido *art nouveau* que damos a esta palabra, es evidente que de
alguna manera participó de esta corriente cultural. Una muestra de ello la encontramos en el hecho de que utilizó en la ornamentación de sus obras el amplio
repertorio de artes y oficios activo en la Cataluña de aquel tiempo. De hecho,
es inconcebible su arquitectura sin este aditamento que se vale de todos los procedimientos, materiales y técnicas artesanales. Gaudí siempre trabajó como un
director de orquesta, integrando en sus obras a aquellos arquitectos y hombres
de oficio que podían materializar sus ideas. Así, escultores, albañiles, estuca-
dores, yeseros, pintores, herreros, metalistas, carpinteros, etcétera, colaboraron
con Gaudí en la Pedrera, dentro de aquellos márgenes de libertad que Gaudí
daba a los maestros artesanos cuando éstos sabían interpretar sus ideas.

La presencia de escultores y canteros la descubrimos especialmente en
la fachada principal. El repicado de las formas sinuosas de cada bloque de

*Detalle de la reja de la rampa
que conduce a la planta sótano.*

97

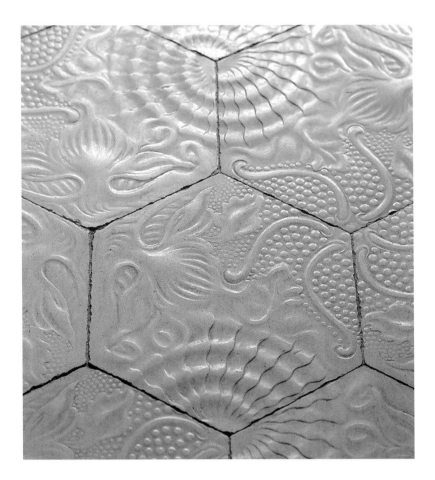

piedra, las letras y los elementos ornamentales del acabado de la fachada son trabajos muy cuidados que Gaudí confió, entre otros, a Carles Mani y a Joan Matamala, quienes también modelaron las maquetas de las partes superiores de las cajas de escalera y cincelaron las grandes columnas de la planta noble.

El pavimento se resolvió con losas hidráulicas, placas de piedra de la Sènia, parqué estrellado de roble y haya, así como con las famosas baldosas hexagonales que combinan las formas de un pulpo, una estrella y un caracol de mar. Este pavimento, tratado con relieve, fue diseñado personalmente por Gaudí para este edificio y producido por la empresa Escofet, y a partir de los años sesenta se aplicó a todo el paseo de Gràcia por iniciativa del Ayuntamiento de la ciudad.

En el interior de las viviendas desempeñan un papel muy importante los cielos rasos y las molduras de todos los arcos interiores y puertas, que Gaudí realizó utilizando los elementos más usuales de los yeseros: caña, yeso y estopa. Hay una gran variedad de cielos rasos; unos con mucho relieve, e incluso con perforaciones, que se encuentran en la planta principal y otros, más modes-

Detalles de cielos rasos de diferente relieve.

tos, en las demás estancias del edificio. Pero en todos ellos se juega con la idea de dar continuidad a los ritmos ondulantes de la fachada, aunque gracias a la ductilidad de estos materiales, pueden ser llevados a la exageración y seguir las formas de un remolino o de elementos vegetales, sin olvidar las inscripciones de tema religioso o astral que siempre aparecen en la obra de Gaudí.

En cuanto a la pintura, su presencia más relevante se halla en los vestíbulos y paredes de las escaleras. Los dos vestíbulos están íntegramente pintados al óleo sobre superficie de yeso, utilizando un repertorio muy ecléctico de referencias tanto mitológicas como florales. Estas pinturas, que en los patios centrales parecen jujolianas por la audacia de su color y por la libertad de sus formas, en los vestíbulos tienen un papel esencialmente ornamental dentro de una línea academicista, sin innovación alguna, dado que Gaudí sólo les otorgaba, a nuestro entender, un valor decorativo que intensificara la atmósfera y el ambiente lumínico y cromático de estas estancias. Estos murales son obra del pintor Aleix Clapés y se inspiran en unos tapices del siglo XVI, de tema mitológico, que se encuentran en el Palacio Real de Madrid. Algunos frag-

→
La ondulación de las superficies se extiende a los techos de todas las estancias del edificio.

Detalles de la pintura mural en los patios del paseo de Gràcia y de la calle Provença.

mentos de las paredes del patio de la calle de Provença, que parecen pintados al fresco, se atribuyen al pintor Xavier Nogués, también colaborador de Gaudí en la realización de maquetas. Y respecto a las paredes de las escaleras de servicio, éstas fueron pintadas al estuco, verde en su parte alta y ocre en la baja (que actúa de arrimadero y queda delimitado también por una línea ondulante), por el pintor industrial Lluís Morell.

Hay diferentes interpretaciones acerca del papel que desempeñan las pinturas de los vestíbulos, suscitadas porque no participan del grado de innovación que caracteriza el edificio. Algunos estudiosos creen que Gaudí dejó hacer a Clapés, otros defienden que fueron realizadas en los momentos más problemáticos de la relación entre el arquitecto y la propiedad e, incluso, hay quien cree que la primera idea de Gaudí era utilizar también en esta parte del edificio el *trencadís*, que a veces es simulado en la pintura mural.

En relación con los forjados, huelga decir que son muy importantes en la Pedrera. En este caso sí que Gaudí tuvo un papel, nos atreveríamos a decir, revolucionario, que trascendió las tradiciones del oficio para conseguir autén-

Techos policromados del vestíbulo de la calle Provença.

ticas obras de arte, gracias a la colaboración de herreros y cerrajeros. Es muy interesante observar unas fotografías del año 1910, conservadas en el Centro Excursionista de Cataluña, en las que la parte de obra del edificio ya está acabada pero, en cambio, todavía no se ha colocado ningún elemento de forja. La apariencia del edificio es muy fría, poco contrastada y carente de un elemento ornamental para poder ser considerada una obra de arte total. Es el diálogo entre los amasijos metálicos, trabajados como un *collage* escultórico, y la piedra amarillenta de la fachada el que acentúa los ritmos de su composición y al mismo tiempo aporta el contrapunto que da vida y movimiento al conjunto. Son éstos unos trabajos de los que no existen precedentes en nuestra historia del arte y que hay que considerar como antecedentes de la escultura abstracta. Las complejas y expresivas rejas de hierro fueron elaboradas en los talleres de los hermanos Badia en Barcelona, donde parece que Gaudí dirigió personalmente los trabajos de la forja. De entre los restos de chatarra de desguace, seleccionaba aquellos elementos que le podían ser más útiles y, de una manera muy ingeniosa y artística, combinaba planchas, barras, cadenas, en una acumulación insólita pero realmente eficaz, como complemento de la arquitectura y como aportación ornamental.

De todos los trabajos de forja quizá el más espectacular, admirado y conocido sea el correspondiente a las dos puertas del edificio, de las que cabe destacar tanto su acertado diseño como su valor plástico. Gaudí quería facilitar la comunicación entre el interior y el exterior, por lo que en una época en que no se disponía de grandes lunas de cristal encajó, a partir de modelos animales y vegetales, un conjunto de formas irregulares que crean una trama de vidrios pequeños y protegidos, en la parte baja (donde hay más riesgo de rotura), y más grandes y luminosos en la parte alta. Esta estructura actúa de reja y de puerta practicable en la parte central para los automóviles y en las partes laterales para los vecinos.

No obstante, una de las aportaciones más interesantes de Gaudí la constituyen las desaparecidas rejas de los semisótanos y las mirillas de las puertas de cada piso. De las primeras sólo se conservan en la Pedrera dos pequeñas mues-

tras en la entrada del paseo de Gràcia y una copia facsímile en la entrada de la tienda de la calle de Provença[7]. Las otras desgraciadamente se vendieron en los años sesenta y hoy se encuentran en colecciones particulares y museos de todo el mundo, como el Museum of Modern Art de Nueva York. Éstas eran unas rejas trabajadas a partir de una cinta de perfil de hierro que Gaudí contorneaba como si se tratase de una serpentina, adaptándola en sus perímetros a las curvaturas de su arquitectura o que articulaba en una trama romboidal. Pero en todos los casos se trata de una utilización ingeniosa y refinada del hierro, que pone al servicio de la arquitectura. En esta misma línea de tratamiento de este material, encontramos las barandillas que acceden a los pisos del entresuelo, junto a las puertas de entrada, y especialmente en la reja de la rampa del sótano, situada en el patio del paseo de Gràcia, y en las mirillas de todas las puertas de los pisos. La mirilla, después de haber sido trabajada por Gaudí, se transforma en un pequeño mirador que, además de aportar un elemento ornamental a la carpintería, permite una comunicación directa entre las personas que están dentro y fuera del apartamento y la entrega del correo por una abertura lateral.

Reja original de los bajos del paseo de Gràcia.

Trabajos de las mirillas de las puertas de los pisos, realizados con cintas de hierro alabeadas.

Diversos tiradores y manecillas, de formas ergonómicas.

La intervención gaudiniana en los más mínimos detalles de sus obras se manifiesta también en todos los elementos de metalistería del edificio, las cerraduras, las manijas, todo lo que sirve para abrir o cerrar puertas y ventanas. Se trata siempre de formas simples, antropomorfas, que se ajustan perfectamente a la articulación de las manos y que permiten una excelente manipulación. Son pequeños objetos escultóricos que con los años han sido reeditados y difundidos ampliamente.

Como buen conocedor de todos los materiales, Gaudí también puso la madera al servicio de la obra. Aparte de los ascensores ya comentados, merecen atención las puertas de los vestíbulos y, particularmente, la puerta de acceso a la planta principal del paseo de Gràcia, donde vivía la familia Milà-Segimon, quizá la pieza más espectacular. Es una gran superficie de madera de nogal, trabajada con relieve y compuesta de diferentes partes, en la que aparecen todos los ritmos, curvaturas, ondulaciones y elipses gaudinianos, suavemente trabajados y perfectamente integrados en los patrones formales de la fachada y de los cielos rasos. El resto de las puertas del edificio son versiones simpli-

ficadas de las mismas formas y todas tienen los tiradores y metalistería ya comentada. Hay que mencionar las puertas correderas con vidriera, situadas entre los comedores y las salas de estar de cada piso, una ingeniosa solución formada por tres cuerpos, el central –constituido por una puerta y dos ventanas en la parte alta, abatibles a ambos lados–, y dos cuerpos laterales, capaces de acoger la puerta central y de ser desplazados hasta desaparecer en el interior de la pared.

Desgraciadamente, y debido a las discrepancias de Gaudí con la propiedad, no hay un equipamiento mobiliario específico, como el que diseñó para las casas Calvet y Batlló y, contrariamente, la decoración de la planta de la casa Milà-Segimon siguió unas pautas neoclásicas al gusto de la época, muy eclécticas y sin ninguna huella gaudiniana o modernista.

Relieves de la puerta del piso principal.

Fragmento de la puerta del vestíbulo del paseo de Gràcia.

Detalles polícromos,
a imitación del trencadís,
pintados en el techo
del vestíbulo del paseo
de Gràcia.

El color

En general, la obra de Gaudí tiene un acusado componente policromo. A menudo manifiesta que hay que incorporar los colores de la naturaleza a la arquitectura. Pero curiosamente, la Pedrera es su obra más monocroma: predominan los tonos sutiles, del blanco al gris, con matices amarillentos y marrones, con la única excepción de los patios interiores. El color natural de la piedra, del mármol y de las baldosas de cerámica mantiene una unidad grisácea, expresamente neutra, que concentra toda su fuerza en el volumen, los relieves y las manchas de color negro de las rejas. El hecho de que Gaudí, después de la casa Batlló y el parque Güell, utilizase el *trencadís* de mármol, cerámica y vidrio de la cubierta de una manera tan controlada y armónica con el color de la fachada, nos hace pensar en una decidida voluntad de mantener la monocromía. Gaudí jugaba con las tonalidades, con los brillantes y los mates, las luces y las sombras, pero no con los cromatismos fuertes, y es que la importancia de la superficie de la fachada es tal que puede prescindir del color.

Crónica del edificio

Como hemos avanzado anteriormente, la última etapa de la construcción de la Pedrera estuvo marcada por un litigio entre Pere Milà y el arquitecto. Las reticencias que Roser Segimon manifestó siempre ante la obra de Gaudí se acrecentaron en la recta final, por razones de presupuesto y discrepancia de criterios, hasta llegar a una ruptura que culminó en un pleito entre la propiedad y el arquitecto. No obstante, en 1912 Gaudí accedió a firmar la certificación de obra acabada.

Desde entonces el edificio ha vivido muchas vicisitudes. En 1927 la propiedad añadió nuevas chimeneas que, en algunos casos, imitaban las originales. En 1932 las carboneras se transformaron en tiendas y se eliminaron las rejas de cinta de hierro hasta conseguir una comunicación directa del semisótano con la calle. Durante los años de la guerra civil, algunas plantas del edificio fueron incautadas y en ellas se ubicó el Departamento de Economía y Finanzas de la Generalitat de Cataluña. También en esta época se amplió la galería de servicios del sótano hasta convertirla en un búnker que servía de refugio durante los bombardeos y que desapareció con la reforma iniciada en 1986. En 1946, Roser Segimon, viuda de Milà, vendió el edificio a la Inmobiliaria Provenza, que lo adquirió con la intención de explotarlo intensivamente. Para ello transformó algunos espacios de residencia en despachos y destinó los sótanos a talleres artesanos, un «mercadillo» y hasta aulas de una academia. Entre 1954 y 1955 el arquitecto F. J. Barba Corsini realizó, por encargo de la nueva propiedad, un proyecto de remodelación de la planta desván para transformarla en una residencia de trece aparta-

Interior de la vivienda de los Milà, según una fotografía de la época.
(FOTO PELAI MAS. INSTITUT AMATLLER D'ART HISPÀNIC)

mentos, adaptados a los ritmos de la arquitectura; así y según la altura de los arcos, tenían un altillo y, a pesar de sus reducidas dimensiones, disponían de baño, cocina, sala de estar y dormitorio. Todos ellos estaban comunicados por un pasillo y algunos tenían acceso directo a la azotea a través de las cajas de escalera. Barba Corsini concibió una actuación integral, por ello diseñó hasta el mobiliario: sillones, sillas, mesas, mesitas auxiliares, bancos, lámparas, escaleras, chimeneas, camas... Un excelente ejemplo, en definitiva, del diseño europeo de aquellos años. No obstante, esta intervención supuso una alteración del concepto gaudiniano del desván como cámara de ventilación; además, se dañaron algunas de las estructuras del edificio. En 1966, el arquitecto Gil Nebot transformó en oficinas para una empresa extranjera la planta noble que, posteriormente, acogió un bingo. Entre 1971 y 1975 el edificio acusaba diferentes señales de envejecimiento y hasta se habían desprendido algunos fragmentos de la fachada principal. Para parar esta degradación, la propiedad realizó unas primeras obras de restauración que fueron dirigidas por el arquitecto Josep Antoni Comas. También en esta ocasión se hicieron algunas reparaciones superficiales que consistieron en rellenar algunas grietas o pérdidas de material y en revocar las partes de obra de la azotea. Fue entonces cuando se pintaron de marrón oscuro las paredes y los edículos de obra de la azotea, color que pervivió hasta la recuperación de las tonalidades originales llevada a cabo en 1996.

La última actuación efectuada en la Pedrera ha sido la que promovió Caixa Catalunya, cuando en 1986 adquirió el edificio con la intención de restaurarlo y rehabilitarlo para convertirlo en un centro cultural, abierto al público. Esta restauración incluyó la planta noble del piso principal, que se transformó en una sala de exposiciones de casi 1.300 metros cuadrados de superficie y que fue utilizada por primera vez en 1990 con motivo de la exposición «El Quadrat d'Or»; la planta sótano, que se convirtió en auditorio y *foyer* y que se dio a conocer en 1994; y el desván y la azotea, que acogen el Espai Gaudí, un centro de nueva creación inaugurado en 1996 como culminación de todas las obras de restauración efectuadas en el inmueble.

Gaudí fue siempre consciente de las características especiales de este edificio, y en más de una ocasión comentó que pronto dejaría de ser una vivienda particular para acoger un hotel o un establecimiento de atención al público. Su premonición no fue desacertada. Ochenta y cinco años después de su inauguración, y tras haber acogido a notarios, médicos, abogados, arquitectos, fotógrafos, interioristas, sastres, así como perfumerías, un hostal, un estanco, un colmado y una joyería, debidamente restaurado y rehabilitado, la Pedrera es un edificio mayoritariamente dedicado a la cultura que, año tras año, recibe a miles de personas de todo el mundo.

1.- Entre las opiniones a favor, hay que mencionar el número monográfico que le dedicó la *Revista Nova*, el 23 de mayo de 1914, y entre las desautorizaciones, la que hizo Xènius (Eugeni d'Ors), desde su «Glossari» en *La Veu de Catalunya*.

2.- Cèsar Martinell: *Gaudí. Su vida, su teoría y su obra*. Barcelona: COAC, 1967, pág. 400.

3.- Isidre Puig Boada: *El pensament de Gaudí*. Barcelona: Publicacions del Col·legi d'Arquitectes de Catalunya, 1981, pág. 88.

4.- Cèsar Martinell: «Visita a la 'Pedrera'», en *Gaudí*. Barcelona: Quadern del Centre d'Estudis Gaudinistes, 1960.

5.- Antoni Gaudí: *Manuscritos, artículos, conversaciones y dibujos* (Colección de Arquitectura, núm. 6). Murcia: Colegio Oficial de Aparejadores y Arquitectos Técnicos, 1982, pág. 102.

6.- Carlos Flores: *Gaudí, Jujol y el modernismo catalán*. Madrid: Editorial Aguilar, 1982.

7.- En la Casa-Museu Gaudí del parque Güell se conservan dos originales.

Restauración de la Pedrera

Francisco Javier Asarta Ferraz

Primeras actuaciones. La restauración de la fachada

Tras la compra a fines de 1986, por Caixa Catalunya, de la casa Milà (La Pedrera), la primera actuación en el edificio correspondió a la restauración de la fachada. Se cambiaba así la inercia de tantos años de abandono y deficiente conservación por parte de la propiedad anterior y se iniciaba un ambicioso programa de restauración de este edificio, con la voluntad de restituir para la ciudad la obra civil más emblemática de Antoni Gaudí. El objetivo de Caixa Catalunya era desarrollar un trabajo continuado de restauración y rehabilitación de los diversos espacios de la Pedrera y recuperar, en la medida de lo posible, el proyecto y soluciones de Gaudí y, en aquellos puntos en donde eso no fuera posible o hubiera que incorporar elementos nuevos, conseguir que la obra resultante estuviera en relación con la original.

La fachada está construida por bloques de piedra labrada, de diversas procedencias y cualidades. La planta baja y la mayor parte del entresuelo son de piedra caliza del Garraf, mientras que el resto de la fachada es de piedra caliza

Dos detalles de la parte alta de la fachada del chaflán del paseo de Gràcia: a la izquierda, antes de restaurar, y a la derecha, una vez restaurada.

de los alrededores de Vilafranca del Penedès. Algunos elementos ornamentales de los balcones de la planta principal son de piedra de Vinaixa o de la Floresta. La planta desván y algunos planos de fachada, junto a los marcos de ventanas, están revestidos con piedra caliza de Ulldecona. La fachada en su momento fue labrada por puntos a partir de una maqueta a escala, fabricada en yeso. La piedra está sustentada por los forjados, unas jácenas curvas perimetrales, soportadas a su vez por ménsulas con angulares y roblones, de las que penden unos soportes anclados en la piedra que impiden su caída, constituyendo así una superficie previa a un futuro muro-cortina. Estos soportes son unos pasamanos de hierro prendidos del alma o ala de la viga, de longitud variable, retorcidos para dar más rigidez y acabados en un hierro L atravesado.

Realizada una detallada inspección ocular durante el mes de diciembre de 1986, se pudo comprobar en la fachada de la casa Milà la existencia generalizada de fisuras y grietas. Se sabía que las fachadas habían empezado a dar problemas de desprendimiento de piedras a fines de los años sesenta y que, en los años setenta, ante la gravedad del tema, el arquitecto J. A. Comas de Mendoza y el constructor Pere Vicens habían realizado unas obras de reparación para evitar la caída de trozos de piedra a la calle; sin embargo, esta patología no se había subsanado.

La anterior propiedad y el Ayuntamiento de Barcelona habían llegado a un principio de acuerdo económico para rehabilitar la fachada, que luego fue suscrito por la Caixa Catalunya, pero dadas las incógnitas que planteaba un proyecto de restauración de la misma se optó por montar un andamio metálico en la calle Provença, a toda altura, tocando a la medianera, para efectuar los análisis y estudios necesarios previos a la restauración. Esta operación tuvo una duración aproximada de un año, y se desarrolló en 1987. Así pudo observarse que las tribunas y balcones de las plantas altas presentaban muchas grietas, algunas de tamaño considerable, con elementos de piedra aparentemente a punto de desprenderse.

La fachada en general estaba muy sucia, con incrustaciones y depósitos por polución atmosférica, y zonas con abundancia de hongos, líquenes y musgos.

Todo ello tapaba el color auténtico de la fachada y disimulaba las huellas de las diversas reparaciones efectuadas anteriormente. Arrancados y saneados los sectores de piedra en mal estado y desprendidos los enfoscados y revocos efectuados en los arreglos anteriores, pudo observarse que había reparaciones realizadas en los años setenta con cemento rápido y malla de alambre, totalmente oxidada y con pérdida importante de sección. Había también rellenos y aristas de mortero de cemento portland artificial y de cemento electroland, y también macizados de fábrica de ladrillo macizo, con armaduras de cosido de las grietas, ancladas en la piedra, sobre y debajo de los perfiles de hierro perimetrales.

Se encontraron perfiles de la estructura metálica y angulares de hierro de los anclajes de las piedras, unos a ras de superficie exterior y otros tapados de mortero de cal, con gruesos de uno a dos centímetros. Estos últimos detalles corresponden a la construcción original. Se recuerda que Gaudí retocó algunas formas y curvas de la fachada una vez colocada toda la piedra y antes de desmontar los andamios, con lo que dejó muchos elementos metálicos casi sin protección de piedra. Muchos de los soportes de las piedras construidos con pasamanos y acabados con angulares se encontraban muy oxidados, con pérdida de sección, rotura de algunos, e incluso desprendimiento, por lo que respecta a las piedras.

Durante la fase experimental, en la calle Provença, se hicieron diversas pruebas y análisis y, sobre la base de los resultados obtenidos, se propuso la solución definitiva de restauración. Mediante una probeta extraída de una de las jácenas de hierro laminado, se comprobó que el hierro laminado de la estructura es muy homogéneo en su composición interna y de una calidad semejante a un acero actual. Los estudios realizados por el Laboratorio de Petrografía de la Universidad de Oviedo sobre las dos variedades de piedra más usadas en la construcción de la fachada indicaron que, según fuera su composición, variaba su comportamiento con respecto a los diversos procedimientos de limpieza y tratamientos químicos de consolidación e hidrofugación que se probaron. La piedra caliza del Garraf es muy compacta (3% de porosidad) y su estado de conservación es bueno, con alguna microfisura no muy importante.

Fachada. Visión parcial, antes de la restauración. A la derecha, estado en que se hallaban la estructura y los soportes de la piedra.

Por su reducida porosidad, la suciedad adherida es superficial y la limpieza por agua no da problemas, tanto desde el punto de vista de absorción como de erosión de su textura superficial. Así pues, el método de limpieza recomendado para esta piedra fue el del chorro de agua pulverizada a baja presión y de duración media. Asimismo, se llegó a la conclusión de que no era necesario consolidarla ni era conveniente tratarla con hidrofugantes, ya que éstos le alteraban el color y producían brillos sobre su superficie cristalizada.

La piedra caliza del Penedès es una variedad muy porosa (34%), de color blanco crema que, humedecida, amarillea. Su composición, cual esponja, provoca una gran absorción de agua, lo cual ha significado la oxidación del hierro de la estructura interior, la formación de costras de yeso y la fácil aparición de líquenes, musgos y hongos en su superficie. En cuanto a su estructura, es una piedra entera cuya superficie no se degrada excesivamente por el efecto de la erosión atmosférica; las patologías que presentaba eran producto de su disgregación y rotura por efectos de la oxidación de la estructura interior, y su correspondiente aumento de volumen.

Para la limpieza de la piedra del Penedès se rechazó cualquier sistema que pudiera agredir la piedra. Por eso se desechó el empleo de chorro de arena o de agua a presión, y los procedimientos químicos. De acuerdo con las recomendaciones del Laboratorio de Petrografía de la Universidad de Oviedo, se hicieron pruebas de limpieza a base de agua nebulizada. Las diversas pruebas evidenciaron que se obtenía un resultado muy aceptable, con variaciones que dependían de la zona de fachada, grado de suciedad y tiempo de aplicación del proceso de nebulización. Estos resultados positivos, sin embargo, quedaron anulados al observar que, después de la aplicación de agua nebulizada durante una y hasta dos horas, la piedra, por su alto índice de porosidad, se saturaba, con lo que podía incrementarse la oxidación de la estructura horizontal de hierro. También se constató que en algunos casos la humedad llegaba a traspasar hasta los paramentos interiores de las viviendas.

Rechazado también el sistema de limpieza mediante vapor de agua, por consideraciones similares, se optó por la proyección en seco de polvo de vidrio micronizado a baja presión (máximo 4 atmósferas), método que se extendió

Estructura y soportes de la piedra de la fachada, saneados, y protegidos con antioxidante. A la derecha, reposición de piedra caliza y tratamiento de juntas.

a la totalidad de la fachada para mayor comodidad. Con este procedimiento la limpieza no se hace por impacto sino por fricción. Este sistema, con un bajo índice de erosión, no había sido aplicado nunca en España, por lo que fue necesario contratar a una empresa francesa que disponía de los elementos técnicos necesarios, comenzando la limpieza en el mes de abril de 1988. Uno de los inconvenientes de este método de limpieza es la elevada polución ambiental que puede producir en el entorno. Por ello es necesario disponer de una cabina móvil, adaptable a las formas de la fachada, desde donde se proyecta el polvo de vidrio y donde se recoge el material de limpieza y la suciedad arrastrada.

En algunos sectores la piedra de la fachada estaba tan degradada y troceada que fue necesario reponer sillares de piedra originales, algunos de ellos de dimensiones apreciables, de hasta 1,7 m. Por este motivo, fue necesario realizar moldes y modelos en yeso de las piezas a reponer, para poderlos reproducir por puntos, con la misma forma, despiece y textura primitivos. Para realizar esta operación fue necesario abrir de nuevo una cantera del Penedès, en el término municipal de Avinyonet, de donde quizás procedían las piezas primitivas.

La estructura de hierro puesta a la vista se limpió con chorro de arena silícea y posteriormente fue protegida contra la oxidación con resinas de zinc puras y de epoxi-brea. Los elementos metálicos de anclaje de los sillares de piedra, en mal estado de conservación y con pérdidas de sección importantes, fueron sustituidos por elementos de acero inoxidable. Por último, en algunos balcones se construyó una jácena de hormigón envolviendo la estructura de hierro, con estribos y de forma variable, adaptándose al espacio disponible.

Las juntas de las piedras en muchos casos estaban bien construidas y eran compactas, pero en otros casos estaban mal acabadas, incompletas o presentaban poros por los que podía haber penetración de agua al interior. Éstas fue necesario repicarlas, vaciarlas y sustituirlas. Tras diversas pruebas se adoptó como solución el empleo de una mezcla formada por cal, cemento griffi, arena y colorante inorgánico, al objeto de acercarse en aspecto a las originales, que eran de mortero de cal, pero mejorando sus cualidades. La textura definitiva se logró trabajándolas con cincel una vez fraguadas y endurecidas.

Se efectuaron diversas pruebas de restauración de piedra, con morteros reintegradores de tipos varios y también a base de morteros bastardos de cal y cemento griffi. Se aceptó como solución la reintegración con elementos de dos componentes –polvo y líquido para amasar– no hidráulicos, labrando la textura una vez endurecido el material. Resueltas la forma y la textura, se hicieron pruebas de color con pigmentos en la masa del mortero reintegrador, para huir de la pátina posterior de igualación. El problema fue complejo, pues, por un lado, la fachada tiene una variedad cromática diversa y, por otro, se comprobó que el mortero reintegrador tiende a decolorarse, por lo que no hubo más remedio que admitir una pátina puntual en alguna zona de la fachada.

En cuanto a las fisuras de la piedra producidas por la oxidación del hierro interior, se hicieron pruebas de inyección de resinas. Se descartó la penetración por gravedad, dado que no se podía controlar su acción en el interior, y se inyectaron resinas epoxídicas a baja presión, sellando exteriormente la grieta y comprobando su eficacia mediante catéteres que marcaban la salida de la resina. Se extrajeron dos probetas de los ensayos efectuados y pudo verse que quedaba sellado con garantía el plano exterior, pero su eficacia era irregular en el plano interno de rotura. Por ello la inyección de resinas se limitó a los casos más sencillos, y las piedras gravemente agrietadas se restauraron con morteros reintegradores, vaciando las partes precisas, o incluso se renovaron con piedra nueva.

La piedra caliza del Penedès había formado en algunos puntos cortezas superficiales que era preciso consolidar tras la limpieza, pues la mera aplicación de agua a baja presión las erosionaba. Se aplicaron consolidantes de éster de silicato de etilo, que en un principio oscurecía la piedra, pero luego ésta recuperaba su tono natural, y también se aconsejó la aplicación general de hidrofugantes del tipo siloxanos.

El análisis de la fachada evidenció zonas donde la piedra contenía un elevado porcentaje de sales, por lo que fue necesario aplicar láminas de celulosa

Restauración de los trabajos de forja.

empapadas en agua destilada, reiteradamente, hasta su eliminación. Respecto a los sectores donde se apreció la existencia de hongos, musgos y líquenes, fue necesario aplicar fungicidas, para evitar su reproducción.

Completa el índice de patologías de la fachada la oxidación, rotura y atasco de los sumideros de desagüe de los balcones, la rotura de los bajantes verticales de zinc empotrados, la oxidación parcial de las barandas metálicas, con la consiguiente caída de elementos de fijación, así como la mala conservación de la carpintería exterior y las persianas enrollables, ambas de madera, a lo que hay que añadir la degradación estética debida a la sustitución parcial de alguna persiana por otra de plástico, la existencia de aparatos de aire acondicionado en ventanas, etcétera.

Las barandas de los balcones, previa limpieza y restauración, fueron pintadas con oxirón, y la carpintería exterior, de madera, fue restaurada en su totalidad, incluidos los herrajes. En cuanto a las persianas enrollables de madera, dado su pésimo estado de conservación general –había que reponer un elevado número de unidades y arreglar todas las demás, sin garantías de durabilidad–, su gran peso y el deterioro de los mecanismos y herrajes, se optó por la sustitución general de las mismas por persianas de aluminio lacadas con pintura adecuada para ser aplicada con secado al horno, respetando su color verde original, tonalidad que se estudió en laboratorio.

El modelo elegido fue el de persiana de lamas tubulares engarzadas entre sí con enganches de acero inoxidable, con lo que se consigue una línea continua de luz entre lamas, como con el sistema original. Los mecanismos de accionamiento eran especiales y muy difíciles de sustituir, por lo que fue necesario proceder a su desmontaje y reparación fabricando artesanalmente las piezas deterioradas por el tiempo y el uso. Debido a la peculiar y variada configuración de la fachada, hubo que curvar las guías de las persianas para conseguir su mejor adaptación, cosa que se realizó *in situ*.

Una vez finalizadas las obras de restauración de las fachadas, se procedió a su iluminación mediante luces de vapor de mercurio con halógenos. El acto de inauguración se realizó el viernes 22 de setiembre de 1989, con ocasión de las fiestas de la Mercè, con la asistencia de Núria Espert, pregonera de las fiestas, el alcalde de Barcelona, Pasqual Maragall y el presidente de Caixa Catalunya, Antoni Serra.

Esta restauración de la fachada fue dirigida por los arquitectos Emili Hernández-Cros y Rafael Vila, que en el año 1989 redactaron un Plan Director para la restauración y rehabilitación de la casa Milà en el que se proponía esquemáticamente el siguiente programa de intervenciones, adecuaciones y usos, en el conjunto del edificio: planta principal como sala de exposiciones, planta sótano como Auditorio y Sala polivalente, planta desván como Centro documental permanente sobre la vida y obra de Gaudí, planta azotea como plaza pública, visita del edificio y contemplación de la ciudad, y planta entresuelo a cuarta, ambas incluidas, como viviendas y locales de negocio. Este Plan Director mereció la aprobación del Departament de Cultura de la Generalitat de Catalunya y de la Unitat de Protecció del Patrimoni Monumental i Històric del Ayuntamiento de Barcelona, y la inversión económica para llevarlo a cabo ha supuesto unos siete mil millones de pesetas, incluida la compra del edificio.

La planta principal

Los mismos arquitectos llevaron a cabo la adecuación de toda la planta principal, durante los años 1990 a 1992, como Sala de exposiciones, con una superficie total estimada de 1300 m²; durante las obras se encontraron pocos restos de la decoración original de Gaudí, ya que a lo largo de los años se habían hecho grandes reformas, debido a los diversos usos de la planta y a la actuación primera de la señora Milà, que rehízo gran parte de la decoración a la muerte de Gaudí.

Esta planta principal se dotó de la tecnología necesaria para realizar exposiciones de calidad, y se diseñó un cielo raso en los sectores en que había desaparecido el original, que sin llevar a engaños de falsos mimetismos pudiera armonizar con los restos recuperados. Éstos necesitaron de una importante intervención, a causa de las graves mutilaciones que habían sufrido a lo largo de los años. Fue necesario reforzar el forjado para adaptarlo a uso público, adoptando como pavimento un parquet formando triángulos, a dos calidades de madera y tonos, roble y arce, del que se encontraron pequeñas muestras durante las obras de rehabilitación. La recuperación de la planta se inauguró el 16 de julio de 1992 con una exposición sobre las vanguardias artísticas en Cataluña.

La planta sótano

En diciembre de 1994 se inauguró la rehabilitación de la planta sótano, con una sala polivalente y una sala de conferencias capaz para doscientas cincuenta personas, dotada de la correspondiente tecnología y servicios. Las obras fueron realizadas por el estudio de decoración Bonamusa-Tomàs, y antes fue preciso acometer unos trabajos de refuerzo estructural, dirigidos por el arquitecto Robert Brufau. De esta operación destaca la ampliación y recuperación del patio recayente a la fachada posterior, que se excavó hasta la planta sótano y permitió crear en él un jardín y dar una entrada de luz natural al auditorio. Un mural-escultura diseñado por el artista Pep Codó decora la medianera.

Previamente, en la planta sótano, durante el año 1990 fue preciso derribar, con técnicas limpias sin vibración, un búnker de hormigón construido sobre una galería-refugio durante la guerra civil de 1936-1939. También se derribaron, de 1990 a 1993, todos los añadidos no originales provocados por una acumulación de usos diversos, tales como aulas y laboratorios de una academia de enseñanza secundaria. Fue preciso renovar las instalaciones comunitarias de agua, gas, electricidad y teléfonos –para adaptarlas a la normativa en vigor– que ocupaban la planta sótano de una forma indiscriminada y potencialmente peligrosa; se optó por centralizar en esta misma planta todos los servicios necesarios para el edificio, creando una galería perimetral subterránea, que en parte se consiguió aprovechando la galería del refugio.

En la planta sótano conviven tres tipologías de columnas, claramente diferenciadas. De los aproximadamente noventa pilares que existen en la planta, dieciséis son de fundición, unos treinta de piedra caliza y el resto de fábrica de ladrillo macizo. Al parecer estos últimos fueron construidos con ladrillos de recuperación del derribo de la casa existente en el solar antes de la edificación

Planta principal. Proceso de restauración de cielos rasos y refuerzo de forjados.

Planta sótano. Estructura de soporte del suelo del patio del paseo de Gràcia. Durante la restauración.

de la Pedrera. Las secciones de los pilares en su mayor parte son circulares. Dado que el edificio avanza hacia un futuro uso público integral, fue necesario conocer con garantías el material de construcción y asegurar su disponibilidad ante el nuevo estado de cargas. Se realizaron probetas de los diversos pilares que, analizadas y rotas en laboratorio, dieron unos resultados de resistencia, para la piedra caliza, próximos a los 480 kg/cm^2. Analizadas normas y tratados españoles y extranjeros, considerando la fiabilidad y magnitud de los ensayos realizados, se estimó como aceptable que la caliza trabaje a una tensión máxima de 80 kg/cm^2. Este valor se comprobó que coincidía sensiblemente con los valores que Gaudí y el arquitecto Jaume Bayó, que fue quien calculó la estructura del edificio, asumieron en un principio. Resultados similares se obtuvieron con el análisis de los pilares de fábrica de ladrillo. En función del nuevo estado de cargas y del estado de conservación de los materiales de los pilares, piedra o ladrillo, se procedió al refuerzo de algunos con una armadura de hierro perimetral, anclada con resinas de epoxi y revestida con morteros especiales de alta resistencia.

En cuanto a los pilares de fundición, Gaudí trabajó con tres secciones distintas, acordes con las solicitaciones de las cargas respectivas. Estos pilares fueron encamisados también con armadura y morteros de alta resistencia de un grueso de 1,5 cm, para mejorar su resistencia y cumplir la normativa contra incendios. También se procedió a la comprobación de la cimentación de los pilares. Efectuadas las catas necesarias y un estudio geotécnico del terreno mediante tres sondeos-ensayo a diez metros de profundidad, pudo constatarse que la cimentación existente era suficiente.

De estos estudios se desprende que Gaudí y Bayó no calcularon la estructura del edificio a partir de criterios experimentales o empíricos, sino de un proceso de análisis numérico muy depurado. En esta misma planta se puso en valor la estructura metálica de soporte del suelo del patio circular correspondiente al chaflán del paseo de Gràcia. Es una estructura en forma de rueda de bicicleta de unos doce metros de diámetro, apoyada perimetralmente en pilares de fundición, con quince radios desdoblados, recogidos en el centro por un cilindro de unos ochenta centímetros de altura.

Entresuelo

En el año 1995 se realizó la rehabilitación de la planta entresuelo, ocupada hasta entonces por una academia de segunda enseñanza y una sastrería. Se recuperaron los valores originales, perdidos o dañados por una deficiente conservación, y se destinó a sede de los Servicios Sociales y Fundación de la propia Caixa Catalunya.

Vestíbulos y patios

Entre los años 1991 y 1993 se llevó a cabo la restauración de las pinturas murales de los dos vestíbulos de acceso al edificio, labor ejecutada por un equipo de expertas restauradoras dirigidas por Mª Antonia Heredero, doctora en Bellas Artes, a partir de un informe inicial de Giancarlo Colalucci, jefe de

Restauración de la pintura de los vestíbulos de acceso.

restauración de los museos del Vaticano y responsable de la restauración de la Capilla Sixtina. El mismo equipo empezó más tarde, en 1994, la restauración de las pinturas polícromas existentes en los dos grandes patios interiores, labor que terminó en 1996.

Las pinturas de los patios se encontraron más degradadas que las de los vestíbulos, por la acción del agua de lluvia principalmente. Esta acción fue más manifiesta y nociva a partir de 1955, año en que se varió el sistema de recogida de aguas pluviales eliminando los sumideros de la cornisa de remate de los patios y colocando unas gárgolas, cuyo desagüe directo, principalmente sobre los pilares, hizo desaparecer parte de las pinturas. También como causas de degradación de las pinturas podemos apuntar el óxido de los variados elementos metálicos existentes en los patios, la polución atmosférica y las reparaciones efectuadas en el estuco base original con morteros de cemento. Así se encontraron sales solubles, abolsamientos de la capa pictórica, suciedad grasa, pérdida de pinturas por parches de cemento, etcétera.

En el patio de la calle Provença quedaban restos de pinturas policromas, a partir del primer piso y que desaparecían a la altura de la cuarta planta. El patio de entrada por el paseo de Gràcia es más rico en ornamentación pictórica floral y las pinturas se conservan principalmente en los dos primeros pisos y menos en el tercero. En el proceso de restauración se recuperó la base perdida en algunas zonas del estuco de cal, de color ocre. Se salvaron los restos de pintura encontrados, limpiándolos y fijándolos, restituyendo los motivos florales sólo donde era posible, dejando para otra etapa, quizás, el completar la decoración perdida, con lo que la imagen cromática que se presente esté menos lejana y distorsionada respecto al original y el público visitante entienda mejor la idea compositiva y de color de dichas pinturas. Al respecto existe una propuesta de recuperación formal y cromática de las pinturas, realizada por la historiadora del arte Raquel Lacuesta, materializada en unos dibujos efectuados por Jordi Soldevila, licenciado en Bellas Artes, a partir del análisis de los restos existentes. Esta propuesta avanza ideas de la posible composición cromática, al completar la pintura de los paramentos.

También se restauraron, en los patios, la carpintería, barandas y persianas enrollables, con los mismos criterios adoptados en la fachada principal. Especial mención merece la recuperación en las persianas de su sistema de proyección hacia el exterior, y de la marquesina de plancha que cubre la escalera de acceso al piso principal. A estos patios también se los dotó de la correspondiente iluminación artística.

El desván

La estructura de la cubierta de la planta desván del edificio está resuelta por unos doscientos setenta arcos parabólicos, diafragmáticos, de ladrillo manual de panderete visto, todos ellos diferentes, que se van adaptando a la forma singular de la azotea, tanto en anchura como en altura. La disposición de estos arcos presenta numerosas variaciones, no sólo de medidas y grueso, sino también de proyección en planta de su directriz, que a veces no es recta.

La casi totalidad de los arcos estaban constituidos por tres roscas de ladrillo y un posterior relleno de tímpanos, con hiladas horizontales. Unas mamparas verticales, uniendo las claves de los arcos, los estabilizan.

En los años 1954-55 el arquitecto Francisco Javier Barba Corsini, por encargo de la propiedad, construyó trece apartamentos aprovechando la planta desván, y pareció en un principio que esta intervención había sido respetuosa con la estructura y espacio original. En 1990, al iniciar el derribo de nueve de los mencionados apartamentos, pudo observarse la alteración y manipulación de la estructura que se había producido y que modificaba sensiblemente el equilibrio del conjunto, por lo que fue necesario apuntalar toda la planta. En 1995 se derribaron dos apartamentos más y se comenzó la restauración de la planta desván con la reconstrucción de los arcos. En un buen número de arcos se había recortado su altura de tres a dos roscas de ladrillo, mientras que otros padecieron recortes y modificaciones parciales para ubicar elementos de los apartamentos, tales como bañeras, bancos de cocina, altillos, etcétera.

La planta desván contenía inicialmente los lavaderos y trasteros y los dos cuartos de maquinaria de los ascensores eléctricos. Por ese motivo Gaudí dejó en ladrillo visto, sin decorar, la estructura y plano inferior de mansarda, y no dispuso pavimento especial alguno. La planta desván era también la cámara térmica de la cubierta del edificio y contenía seis escaleras de caracol de comunicación con la planta azotea. También disponía de dos elementos, construidos en cerámica, para la ventilación natural de dicho espacio.

Alrededor de la planta desván existe un paso de ronda, que el año 1954 fue subdividido, adjudicando un sector a cada apartamento, como pequeña terraza de expansión. Se convirtieron las ventanas necesarias en balconeras de salida al exterior y se abrieron en el plano inclinado de la mansarda, de una forma mimética a las existentes, cuantas ventanas se necesitaron para ventilar los diversos espacios de los apartamentos. En el interior se procedió a su enyesado y se resolvieron formas y encuentros con habilidad decorativa. Aunque inicialmente se adquirió el compromiso, ante la Generalitat de Catalunya, de mantener dos apartamentos como muestra de la intervención de los años

Planta desván. Proceso de derribo de los apartamentos construidos en 1954, y de restauración de la estructura original de arcos parabólicos.

cincuenta en la Pedrera, hubo que cambiar de idea, ya que a medida que avanzaba el derribo del resto de apartamentos y se tenía conocimiento real de la manipulación estructural efectuada, se consideró improcedente tener que realizar un refuerzo estructural de la reforma realizada por el arquitecto Barba Corsini. Por ello se solicitó el permiso correspondiente para recuperar la totalidad del espacio original de la planta desván.

En el proceso de restauración, dirigido por los arquitectos Francisco Javier Asarta y Robert Brufau, fue necesario recuperar estructura, materiales, formas y detalles de origen, con la misma calidad de materiales, composición y diseño. Por esta razón hubo que encargar ladrillos manuales, copia de la medida y color y con sus tres variedades de grueso: macizo («tocho»), mediano y rasilla. Hay que destacar la recuperación de la iluminación natural de la planta desván restituyendo las medidas primitivas de las ventanas y su ritmo alterno en posición de altura. El trabajo de reconstrucción fue arduo y complejo. En uno de los trece apartamentos aparecieron, al eliminar los recubrimientos, una quincena de pórticos metálicos en sustitución de los arcos iniciales.

Dado el cambio de uso de esta planta, fue preciso reforzar el forjado metálico, capacitándolo para una sobrecarga de uso público. Fue necesario dotarla de un pavimento, que nunca tuvo, y se construyó *in situ* un pavimento continuo de 1 cm de grueso, formado por arena lavada, aglomerada con resinas. El color elegido fue el del mármol de Ulldecona, tan usado por Gaudí en los pavimentos y arrimaderos de las viviendas de la Pedrera.

Una vez restaurada la planta desván, siguiendo la concepción original de Gaudí, fue preciso dotarla de los medios técnicos necesarios, tales como aire acondicionado, seguridad, instalación contra incendios, megafonía, etc., para instalar posteriormente la exposición denominada «Espai Gaudí». Todas estas instalaciones se diseñaron intentando interferir mínimamente con la arquitectura. La iluminación estuvo especialmente pensada para poner de relieve la solución estructural y espacial aplicada por Gaudí.

Con la recuperación de la planta desván se ha abierto al público uno de los espacios más sugerentes de la arquitectura gaudiniana y, al convertirse en el «Espai Gaudí», se presenta en él una visión completa y atractiva de la vida y de la obra del gran arquitecto, el contexto histórico y cultural en que se desarrolló y las innovaciones técnicas y artísticas de mayor relieve en su obra. Esta exposición, dirigida por Daniel Giralt-Miracle, fue diseñada por Fernando Marzá e inaugurada el día 18 de junio de 1996.

La azotea y la fachada posterior

A lo largo del año 1995 se procedió a la restauración de la azotea del edificio, con todos sus elementos singulares, tanto funcionales como ornamentales, recuperando los elementos auténticos, así como sus formas y color. Paralelamente también se restauró la fachada posterior y las tres escaleras de servicio. Raquel Lacuesta llevó a cabo en 1992 un estudio –documental, artístico y constructivo–, previo a los trabajos de restauración, analizando las cajas de salida de escalera y chimeneas que coronan la azotea de la casa Milà. Ello comportó realizar un levantamiento planimétrico, que no se había hecho nunca, del terrado y de cada uno de sus elementos arquitectónico-escultóricos. También se efectuó la exploración arquitectónica correspondiente, al objeto de analizar los materiales constructivos y de revestimiento, los colores y las texturas originales. Hay que tener en cuenta que los colores, formas y texturas que aparecían a la vista eran fruto de la polución ambiental, de la degradación por el paso del tiempo, de una deficiente conservación, tanto constructiva como artística, y de las intervenciones que se hicieron en los años cincuenta y setenta. Así, una pintura marrón unificaba elementos originales, añadidos y reformas chapuceras. También se hicieron catas y limpiezas parciales, incluso pruebas de acabado en algunos elementos, al objeto de determinar las mejores soluciones ante la restauración definitiva.

Este estudio se hizo con la ayuda de un equipo pluridisciplinar que también estuvo presente en las obras de restauración, cuyo director fue el arquitecto Francisco Javier Asarta Ferraz, y en el que participaron, además de los especialistas ya mencionados, el arquitecto técnico Enrique Mira como coordinador de las obras por parte de Caixa Catalunya, el arquitecto técnico Ramón Garriga y el ingeniero industrial Bernat Alonso, en el control de las obras e instalaciones, respectivamente.

El año 1911, cuando Gaudí acabó la casa Milà, del terrado únicamente emergían seis cajas de escalera, dos torres de ventilación y siete chimeneas, sencillas o compuestas, más cuatro cupulines situados en el paso de ronda, accesible desde el desván. Estos elementos se conservaban todavía en su integridad, pero juntamente con dieciséis chimeneas más, trece de las cuales fueron construidas en los años cincuenta, cuando el anterior propietario del inmueble convirtió el desván en apartamentos, y siendo las tres restantes producto de reformas anteriores. Todas ellas intentaban confundirse con las auténticas en un falso discurso de mimetismo.

Estos edículos presentan formas artísticas caprichosas y están tratados de manera diferente según la situación. Las cajas de escalera que están próximas a las fachadas de las calles tienen un revestimiento de *trencadís* y combinan la piedra de Ulldecona, en sus variantes Sénia, Xert o Borriol, con mármol blanco de los tipos Macael, Tranco o Carrara y con azulejo liso de máquina blanco, salpicado de algunos otros de tonos pastel. Existen pocos azulejos con relieve. En cambio, las cajas de escalera que hay cerca del patio de manzana, así como las chimeneas (una de las cuales tiene los sombreros recubiertos de fragmentos de botellas de vidrio verde) y las torres de ventilación, se descubrió que estaban tratadas con un estuco enlucido de mortero de cal coloreado con una tonalidad ocre amarillenta. El criterio que se siguió en la restauración actual tenía como objetivos básicos la reparación estructural i la recuperación de los materiales, formas, texturas y colores originales. En el caso de las cajas de escalera y de las chimeneas revestidas con *trencadís,* se realizó manualmente la limpieza superficial y se restituyeron los fragmentos pétreos, cerámicos o de vidrio que faltaban, aglomerándolos con un mortero de cal similar al que había en su origen, previa eliminación del cemento portland que se utilizó en las intervenciones anteriores. En el resto de los elementos, el proceso consistió en repicar la pintura y los revoques de

Proceso de restauración de la azotea y de sus edículos.

los años setenta –que estaban muy deteriorados– y recuperar el mismo tipo de revoco y de enlucido de color ocre amarillento que tenían originalmente, según habían demostrado los estudios y las prospecciones realizadas. En cuanto a la restauración del *trencadís* cerámico, fue necesario recuperar azulejos de principios del siglo XX en edificios e instalaciones obsoletas. Para la restauración de la chimenea con sombreros de *trencadís* de vidrio, se consiguió en Vilafranca del Penedès botellas de cava de principios de siglo. Las formas y relieves artísticos que decoraban las chimeneas y que en parte habían desaparecido, pudieron restituirse a partir de restos encontrados y de fotografías de la época.

Por lo que se refiere a las dieciséis chimeneas construidas en años posteriores, el equipo restaurador decidió, con el consentimiento de la Comisión de Patrimonio de la Generalitat de Catalunya y de los servicios técnicos municipales del Ayuntamiento de Barcelona, desmontarlas, ya que no presentaban ninguna cualidad artística ni constructiva y, en cambio, impedían la visión de un paisaje arquitectónico insólito que había sido creado no únicamente con una finalidad funcional, sino también para el placer de los usuarios y de los ciudadanos en general. Tan sólo fue necesario mantener dos, ya que su actividad funcional impedía su desmontaje.

En la azotea fue preciso proceder a su impermeabilización, con tres manos de pintura elástica, malla de plástico y arena, para mejorar el agarre, en el plano vertical de los peldaños, del estuco de acabado. Hubo que levantar todo el pavimento de cerámica, fabricándolo y colocándolo de nuevo en igual calidad, medida y color. Para ello fue preciso fotografiar y levantar planos de la disposición de las piezas en todos los rellanos y peldaños de la azotea. Terminada la restauración, se procedió a su iluminación artística y funcional, ya que uno de los objetivos a cumplir en el Plan Director era convertir la azotea en una plaza pública susceptible de ser visitada por todos los ciudadanos y en la que asimismo se pudieran desarrollar actos públicos nocturnos.

Los estudios previos afectaron también a la fachada posterior, a las tres escaleras de servicio y a los patios. Como consecuencia de estos estudios, en los que se utilizó el mismo método de trabajo, se adoptaron idénticos criterios de restauración que los empleados en la azotea y se decidió la recuperación de materiales, texturas y colores originales.

Última fase de la restauración

En la primavera de 1996, cuando ya se estaban concluyendo las obras de restauración de la planta desván y la azotea, pudo observarse que la fachada presentaba, en diversas zonas, muestras de suciedad. La elevada contaminación atmosférica del sector, y el hecho de no existir goterones en la fachada, ocasionaban manchas de suciedad y regueros por la escorrentía del agua de lluvia, siendo ello más acusado en los frentes de los balcones. Dada la inminencia de la presentación a los barceloneses de la restauración de la Pedrera y la inauguración del «Espai Gaudí», se decidió efectuar unos repasos de limpieza de la fachada. Para ello se contrataron los servicios de una empresa especializada en trabajos de altura, que, descolgándose por la fachada con técnicas de escalada, procedieron a una limpieza manual, con cepillo de cerdas, agua y detergente neutro de las zonas más visiblemente afectadas por la suciedad.

La última fase de la restauración de la Pedrera quedó lista, a principios de verano de 1996, unos días antes de la celebración en Barcelona del XIX Congreso de la UIA (Unión Internacional de Arquitectos) la primera semana de julio, de acuerdo con el calendario establecido al efecto.

Presentación oficial de las obras

El día 18 de junio de 1996 tuvo lugar la presentación oficial de la restauración de la Pedrera, con la asistencia de S.A.R. la Infanta Cristina en representación de los Reyes de España y en presencia de las máximas autoridades del país, coincidiendo este acto con una exposición en la planta principal sobre la influencia de la arquitectura en la obra de Dalí.

La entrega simbólica del edificio a la ciudad de Barcelona se realizó el día 27 de junio por la noche, con un espectáculo piro-musical organizado por la compañía teatral «Els Comediants». El día dos de julio se abren a la visita pública la planta desván y la azotea.

En todas las fases de restauración y rehabilitación realizadas se ha intentado conseguir la máxima accesibilidad a los espacios públicos resultantes, compatibilizando, como es lógico, estos deseos con la problemática del edificio. Así, la Sala de exposiciones, ubicada en la planta noble, es accesible a las personas discapacitadas mediante el ascensor original, que comunica las diversas plantas del edificio, desde la planta baja hasta la cuarta, ambas incluidas. También, con la misma intención de facilitar el acceso, cuando se llevó a cabo el proyecto de la planta sótano para transformarlo en Auditorio y Sala polivalente, la rampa helicoidal de vehículos se convirtió en acceso para peatones, por lo que se colocó un pavimento de piedra de textura antideslizante con un rayado modular. El ascensor instalado por el arquitecto Barba Corsini, que comunicaba la planta baja con los apartamentos, fue modernizado, y se alargó su recorrido, que ahora va desde el sótano hasta la azotea. Con este ascensor conectamos tres de los cuatros sectores públicos que tiene el edificio: el Auditorio, la planta desván y la azotea.

En 1997 se ha concluido la rehabilitación de un local comercial en la planta baja, destinado a servicios de información y acogida para los visitantes, diseñado por el interiorista Ramón Bigas, y en 1998, en los bajos de la calle Provença, entre el acceso y la medianera, se ha rehabilitado otro espacio comercial destinado a bar.

Premios concedidos a la restauración de la Pedrera

Terminadas las obras de restauración de la casa Milà, el éxito de visitantes se ha visto acompañado por la consecución de varios premios, tales como el Premio ACCA de la Crítica d'Art 1996, de la Asociación Catalana de Críticos de Arte, dedicado a las mejores iniciativas culturales y artísticas, otorgado al «Espai Gaudí» por representar la culminación del proceso de restauración y dignificación de la Pedrera, siendo su desván uno de los testimonios más fehacientes de los innovadores planteamientos estructurales de Antoni Gaudí. El Salón Barcelona Meeting Point concedió a la restauración de la Pedrera el Premio 1997 a la mejor iniciativa inmobiliaria española. La Generalitat de Catalunya, a su vez, concedió el Premio Nacional de Cultura 1997, dentro de su apartado de Patrimonio Cultural, a los arquitectos Francisco Javier Asarta y Robert Brufau y a la historiadora Raquel Lacuesta por la restauración de la planta desván y la azotea, reconociendo el acierto de la finalidad que se ha dado a dichos espacios.

Vista aérea

Selección bibliográfica

Álvarez Izquierdo, Rafael. *Gaudí*. Madrid: Ediciones Palabra S.A., 1992.

Awazu, K. *Gaudí*. Tokio: Gendai Kikaku Sha Ltd., 1981 (en japonés).

Balbi, E. Catálogo exposición itinerante Gaudí. Montevideo: Amigos de Gaudí-Uruguay, 1982.

Bassegoda Nonell, Joan. *50 años de Gaudí* (catálogo exposición). Madrid: Ministerio de Asuntos Exteriores, 1976 (en español, y sucesivas versiones en inglés, francés, italiano, alemán, ruso y neerlandés).

— *Antoni Gaudí* (colección Pere Vergés de biografías, n° 38). Barcelona: Caixa de Catalunya y Edicions 62, 1992.

— *Antonio Gaudí*. Moscú: Stroizdat, s. a. (en ruso).

— *Casa Milà, casa Batlló, colònia Güell*. Barcelona: Editorial Tres Uves, 1975.

— *Gaudí, arquitectura del futuro*. Barcelona: La Caixa-Salvat Editores, S.A., 1984 (en castellano y catalán).

— *Gaudí, Arte y Arquitectura*. Tokio: Rikuyosha Publishing, Inc., 1985 (en japonés).

— *Gaudí. Gent nostra*. Barcelona: Ediciones de Nuevo Arte Thor, 1978, 1981 y 1983.

— *Gaudí. Temas españoles*. Madrid: Ministerio de Educación y Ciencia, 1971.

— *Gaudí. Vida y arquitectura*. Tarragona-Barcelona: Caja de Ahorros Provincial de Tarragona, 1977.

— *L'architettura di Gaudí*. Milán: Istituto Geografico de Agostini-Novara, 1982 (en italiano); Madrid: 1982 (en español).

— *La Pedrera de Gaudí*. Barcelona: ETA (Editores Técnicos Asociados), 1980.

— *Las obras completas de Gaudí*. Tokio: Rikuyosha Publishing, Inc., 1978 (en japonés) y 1984 (en español, japonés e inglés).

Bassegoda Nonell, Joan; Garrut, J. M. *Guía de Gaudí*. Barcelona: Elicien (Ediciones Literarias y Científicas), 1970.

Bergós, Joan: *Antoni Gaudí, arquitecte genial*. Barcelona: Millà, Librería Editorial-AT, 1972.

— *Gaudí, l'home i l'obra*. Barcelona: Ariel, 1954; Barcelona: Universidad Politécnica, 1974 (en castellano).

— *Gaudí*. Madrid: Ministerio de Cultura, 1976.

— *Gaudí*. Madrid: Ministerio de Educación y Ciencia, 1971.

Canela, M. *La fantasía inacabable de Gaudí*. Barcelona: Ediciones Arte, 1980.

Carandell, Josep M. *La Pedrera, cosmos de Gaudí* (con fotografías de Jordi Belver). Barcelona: Fundació Caixa de Catalunya, 1992.

Casanelles, E. *Nueva visión de Gaudí*. Barcelona: Ediciones Polígrafa, 1965; Greenwich, 1968 (en inglés); Tokio, 1978 (en japonés).

Catálogo Exposición Gaudí. Barcelona: Fundació Caixa de Pensions-Salvat Editores, S.A., 1984 (en catalán); 1985 (en castellano, francés y flamenco); 1986 (en alemán, castellano y francés); 1987 (en alemán) y 1988 (en neerlandés y portugués).

Catálogo Exposición Gaudí. Florencia: Vallecchi, 1979.

Catálogo Exposición Gaudí. Helsinki: Finnish Museum of Architecture, 1981 (en finlandés e inglés).

Catálogo Exposición Gaudí. Tokio: Sogetsu Art Museum, 1978.

Cirlot, Juan Eduardo. *El arte de Gaudí*. Barcelona: Omega, 1950.

— *Introducción a la arquitectura de Gaudí*. Barcelona: RM Editorial, 1966.

Collins, G. R. *Antonio Gaudí*. Nueva York: Braziller Ed., 1960.

Collins, G. R.; Bassegoda Nonell, Joan: *The Designs and Drawings of Antonio Gaudí*. Princeton: Princeton University Press, 1983.

COLLINS, G. R.; FARIÑAS, M.: *Antonio Gaudí and the Catalan Movement*. Charlottesville: Virginia University Press, 1973.

DALISI, R. *Gaudí, mobili e oggetti*. Milán: Electa Editrice, 1979.

DESCHARNES, Robert; PRÉVOST, C. *La vision artistique et religieuse de Gaudí*. Lausana: Edita, 1969 y 1982.

ELIAS, J. *Gaudí. Assaig biogràfic*. Barcelona: Ediciones El Circo, 1961.

FLORES, Carlos. *Gaudí, Jujol y el Modernismo en Cataluña*. Madrid: Aguilar, S.A. de Ediciones, 1983.

— *Gaudí. Introducción*. Madrid: Aguilar, S.A. de Ediciones, 1982.

Gaudí (revista *A + U*, 86, núm. monográfico). Tokio: A + U Corporation Ltd., 1977.

Gaudí-La Pedrera (revista *Nexus*, 16, núm. monográfico). Barcelona: Fundació Caixa de Catalunya, julio de 1996.

GIMFERRER, Pere; CIRLOT, Victòria; SUBIRACHS, Josep M. *Gaudí. El jardí dels guerrers* (con fotografías de Manel Armengol). Barcelona: Lunwerg Editores, 1987.

H.-RUSSELL HITCHCOCK. *Gaudí*. Nueva York: The Museum of Modern Art, 1957.

HOSOE, E. *Gaudí*. Tokio: s. e., 1984 (en japonés).

JOHNSON SWEENEY, J.; SERT, J. L. *Gaudí*. Nueva York-Stuttgart: Frederick A. Praeger, 1960.

KITAGAWA, Keiko. *La vida de Gaudí*. Tokio: Asahi Shinbun, 1993 (en japonés).

LAHUERTA, Juan José. *Antoni Gaudí, 1852-1926*. Milán: Electa, 1992; Madrid, 1993.

LAHUERTA, Juan José; CASTELLANOS, Jordi: *Imágenes y mitos. Gaudí* (con fotografías de Alain Willaume). Barcelona: Lunwerg Editores S.A., 1991.

LLARCH, Joan. *Gaudí. Biografía mágica*. Barcelona: Plaza & Janés Editores, 1982.

MARTINELL, Cèsar. *Antonio Gaudí*. Milán: Electa Editrice, 1955.

— *Gaudí, su vida, su teoría, su obra*. Barcelona: Colegio Oficial de Arquitectos de Cataluña y Baleares, 1967; Barcelona: Blume, 1975 (en inglés).

— *Gaudinismo*. Barcelona: Amigos de Gaudí, 1954.

— *L'arquitecte Gaudí*. Barcelona: Ajuntament de Barcelona, 1976.

MATAMALA, J. *Antonio Gaudí. Mi itinerario con el arquitecto*. Barcelona: Cátedra Gaudí, 1960 (inédito).

MATSUKURA, Y. *Gaudí. Camino de un diseño*. Tokio: Sagami Syobo, 1978.

Memoria de la Cátedra Gaudí. Barcelona: ETSAB (Escuela Técnica Superior de Arquitectura), 1970.

MOLEMA, J.; BAK, P.; VAN DER HEIDE, R.; TOMLOW, J. *Gaudí, Rationalist met perfecte Materiaalbeheersing*. Delft: Delfte Universitaire Pers., 1979.

MORAVANSKI, A. *Antonio Gaudí*. Budapest: Akademia Kiadó, 1980 (en húngaro).

MOWER, D. *Gaudí*. Londres: Oresko Books Ltd., 1977.

PANE, R. *Gaudí*. Milán: Edizioni di Communità, 1964 y 1983.

PERMANYER, Lluís. *El Gaudí de Barcelona* (con fotografías de Melba Levick). Barcelona: Edicions Polígrafa, S.A., 1996.

PERUCHO, Joan. *Gaudí, una arquitectura de anticipación*. Barcelona: Ediciones Polígrafa, 1967.

Pionniers du XXème siècle (catálogo Exposición Gaudí), vol. 2. París, 1971.

PLA, Josep. *Homenots (Primera sèrie)*. Barcelona: Ediciones Destino, 1969.

POBLET, J. M. *Gaudí, l'home i el geni*. Barcelona: Bruguera, 1973.

PUIG BOADA, I. *El pensament de Gaudí*. Barcelona: Col·legi d'Arquitectes de Catalunya, 1981.

RÀFOLS, J. F. *Gaudí*. Barcelona: Canosa, 1929; Barcelona: Aedos, 1952 y 1960.

SOLÀ-MORALES, Ignasi de: *Gaudí*. Barcelona: Ediciones Polígrafa, 1983.

STERNER, G. *Gaudí*. Colonia: Dumont, 1979 (en alemán).

TAPIÉ, Michel. *La Pedrera*. Barcelona: Ediciones Polígrafa, 1971.

TARRAGÓ, S. *Gaudí*. Barcelona: Editorial Escudo de Oro, 1974.

TORII, Tokutoshi. *El mundo enigmático de Gaudí*. Madrid: Instituto de España, 1983.

VINCA MASSINA, L. *Antonio Gaudí*. Florencia: Sansoni Editore, 1969.